发现城市之美
CITY DISCOVERY

主编◎王晓韩

出品◎中共汕头市龙湖区委宣传部

海天出版社（中国·深圳）

序

　　历史有许多机遇垂青这片神奇的土地。汕头作为通商口岸形象登上历史舞台，开埠的标志是设立海关。一百五十八年前，潮海关诞生在今天龙湖区境内的妈屿岛，从此，汕头经历悠悠岁月风风雨雨，从一个小渔村发展成为海上丝绸之路上的重要港口城市。1981年，龙湖划出1.6平方公里的土地成立经济特区，汕头从此走上改革开放的新发展历程。

　　韩江、榕江、练江，日夜不息奔流东去，在龙湖入海。百年沧桑，四十年巨变，历史在这里静静沉积。冬无严寒，夏无酷暑，二百多公里的海岸线、明媚的阳光，碧海蓝天渲染出亚热带的旖旎风光。龙湖，承载着百年商埠崛起的梦想，追逐着新时代改革开放的滚滚浪潮。深具底蕴的传统文化积淀与彰显时代气息的人文景点，将龙湖的历史与现在串联起来。这里是创造奇迹、充满梦想的地方。

　　四十年前，改革开放的春风吹拂着中国大地。1981年11月，我受命担任汕头经济特区管委会主任，率领第一批"拓荒牛"在龙湖的沙丘荒滩安营扎寨，餐风宿露、披荆斩棘，

"开发一片、建设一片、投资一片、获益一片"，在最初的 1.6 平方公里荒无人烟的沙丘上，建成一座令人瞩目的新城，走出一条"投入少、产出多、效益好"的路子，并取得了"24 小时审批答复"、"创汇农业"、"政务改革"、设立"经济特区顾问委员会"等方面成功的经验，为汕头经济特区的发展壮大作出了有益的探索。

新时代的浪潮滚滚向前，中国改革开放迎来了新的春天。近年来，龙湖区作为汕头经济特区的发祥地和中心城区，认真按照习近平总书记提出的经济特区要成为改革开放"重要窗口、试验平台、开拓者、实干家"这一要求，坚定不移地贯彻"创新、协调、绿色、开放、共享"的发展理念，大力实施创新驱动发展战略、乡村振兴战略、区域协调发展战略，不断推进文明创建，不断加强和创新社会治理，不断推进党的建设的伟大工程，全面打造发展要地、城心腹地、创新高地、民生福地。今天，龙湖城区面貌焕然一新，城市环境日益优化，城市品位得到提升，成为宜居宜业的一片热土。

《发现城市之美·龙湖》是一本全面介绍龙湖地理、历史、人文风情的图文并茂的书籍。它不但记录了龙湖有深厚文化积淀的乡镇老街，还描绘了活力四射的现代新城区；既展示了热情好客的潮汕民风，又推介了丰富多彩的现代休闲资源。这是一部回顾过去、展望未来的作品，是一部生动讲述龙湖故事的作品。期待它能更全面、更深入地展示龙湖之美，成为汕头市中心城区的新名片。

迈进新时代，开启新征程，相信龙湖这片承载着改革开放的光荣与梦想的热土，一定会焕发新活力，实现新飞跃。

汕头经济特区管委会原主任　　刘峰
汕头市政协原主席

CONTENTS 目录

概述

第一章 历史沿革

龙湖历史沿革   004

    秦汉   004

    三国两晋南北朝   005

    隋唐五代   006

    宋元   006

    明清   007

    民国时期   008

    中华人民共和国成立后   009

第二章　地理风光

妈屿岛   013

    潮海关   016

    天后古庙   018

    龙王宫   023

第三章 对话古建筑

鸥汀背寨　　　　026

腾辉塔　　　　　032

证果寺　　　　　034

准清庵　　　　　038

鸥汀天后宫　　　040

许氏宗祠　　　　043

辛氏大宗祠　　　046

鸥汀进士第　　　048

同归所亭　　　　050

南薰古庙　　　　054

西宁桥　　　　　056

官埭寨　　　　　060

蓬沙书院　　　　062

名贤王公祠　　　064

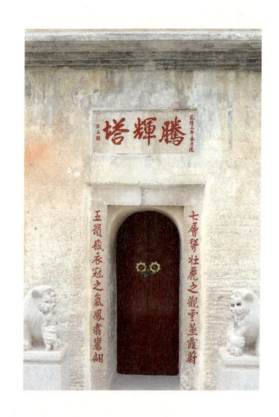

第四章 遇见历史熟人

乡贤吴复古　　　068

翰林佘志贞　　　070

诗人黄雨　　　　072

华侨谢易初　　　074

第五章 近代史迹

深祖家塾　　　　　　　　078

密林文艺研究社旧址　　083

革命树　　　　　　　　　085

第六章 非遗民俗

陶瓷微书　　　　　　　　090

外砂织席技艺　　　　　　094

潮汕橄榄菜制作技艺　　　098

潮剧盔头制作技艺　　　　100

潮剧戏班　　　　　　　　104

纸影戏　　　　　　　　　106

潮乐　　　　　　　　　　108

灯首盛会　　　　　　　　110

灯谜　　　　　　　　　　112

鸥汀剪刀　　　　　　　　113

第七章 行走的餐桌

菜头粿　　　　　　　　　116

无米粿　　　　　　　　　119

膀粕粥　　　　　　　　　120

鸥汀老鹅头　　　　　　　122

疍家园竹笋　　　　　　　125

南社风味腌菜　　　　　　128

外砂窑鸡　　　　　　　　130

第八章 现代风貌

活力龙湖，怀梦升腾　　　　134

汕头经济特区的发祥地　　　136

文化龙湖　　　　　　　　　146

　　汕头图书馆　　　　　　146

　　龙湖区图书馆　　　　　150

　　汕头购书中心　　　　　152

　　创意书吧　　　　　　　153

　　龙湖区文化馆　　　　　154

　　艺苑文化广场　　　　　156

　　阳光文化交流中心　　　158

　　爱乐市民音乐会　　　　159

特色产业　　　　　　　　　160

　　金洲对联之乡　　　　　160

　　万石中草药村　　　　　164

　　万石观赏鱼　　　　　　167

"糖果之村"蔡社　　　　　　170

富新兰园　　　　　　　　　172

五香溪狮头鹅　　　　　　　174

绍河珍珠科技园　　　　　　176

外砂潮织毛衫小镇　　　　　177

百园竞萃　　　　　　　　　178

美食之路　　　　　　　　　188

购物商圈　　　　　　　　　193

龙湖畅想　　　　　　　　　196

　　产业发展与创新　　　　196

　　交通枢纽建设　　　　　198

　　创建文明城市　　　　　201

　　东拓北优，扩容提质　　204

　　"一河两岸"　　　　　　206

概 | 述

　　汕头市龙湖区是汕头经济特区的发祥地，也是汕头市区的新城市中心。龙湖区位于汕头市东北侧，西南与濠江区隔海相望，西与金平区接壤，西北与潮州市潮安县交界，东北隔外砂河与澄海区毗邻，东南濒临南海。先秦时龙湖其地属南海郡揭阳县，明嘉靖四十二年（1563年）澄海置县之前，龙湖其地分属海阳、揭阳、潮阳管辖，澄海置县后，龙湖地域的大部分为澄海县所辖，妈屿岛为潮阳县辖地。1981年汕头经济特区成立，龙湖区作为汕头经济特区的试办区。随着汕头经济特区范围的扩大，至2003年，龙湖区形成了如今金霞、珠池、新津、龙祥、鸥汀五个街道和外砂、新溪两个镇的行政区划。这里钟灵毓秀，物华天宝。两千多年来，人们在这片土地上创造了灿烂的文明。

　　龙湖区下辖的鸥汀街道曾是韩江的出海口，因海域连绵，沙鸥翔集，故名"鸥汀"。南宋理宗年间始建的鸥汀背寨，曾经是韩江下游四大古寨之一，距今有七百多年历史。鸥汀古有证果谈禅、腾辉倒影、文祠书声、龟桥似月、新兴红树、南薰纳凉、西宁晚泊、庙前白鹭八大胜景，今存证果禅寺、腾辉塔、辛氏大宗祠和许氏宗祠、天后宫、三山国王庙等众多古迹，传承和弘扬了潮汕传统的文化魅力。

　　龙湖区西北边靠桑浦山，东南边靠南海，其境内的妈屿岛风光秀丽，岛上有始建于元代和清代的两座妈祖宫、海滨浴场、观海亭等古迹新景，构成了汕头一处集历史人文与自然风光于一体的旅游胜地。妈屿岛亦是汕头的海关咽喉。清咸丰三年（1853年），粤海关在汕头妈屿岛设立海关，称潮州新关。清咸丰十年（1860年），被洋税务司控制的潮海关成立，自此拉开了汕头百年商埠的历史帷幕。

　　深厚的文化底蕴丰富了人们的精神文化，代表许多汕头人儿时记忆里家乡味道的传统美食让龙湖区更添烟火气息。人杰地灵的龙湖，以其优雅气韵和充满时代活力的城市特质，给人们展现了一段段鲜活的历史。浩渺行无极，扬帆但信风。新时代的征程已经开启，奋进的号角已经吹响。

　　如今的龙湖，犹如一只展翅的金凤，从悠远的历史画卷中飞越而来，翱翔长空，展示出新时代的英姿；又如一颗闪耀着时代风采的粤东明珠，散发着这座现代海滨新城的熠熠光辉。

地处南海之滨的**汕头市龙湖区**所在地古时为海洋，在**韩江水和海水**的作用下形成冲积平原。在宋代，外砂、大衙、鸥汀一带已陆续出现村落。**明清两代**，潮汕人口激增，外砂、蓬洲、鸥汀等处的居民开始向龙湖地域的南部**迁移开发**。民国时，基本形成现在的村落格局。

第一章

历史沿革

龙湖历史沿革

汕头市龙湖区地处南海之滨，这里曾经是一片大海，在韩江水和海水的作用下形成冲积平原。在宋代，外砂、大衙、鸥汀一带已陆续出现村落。明清两代，潮汕人口激增，外砂、蓬洲、鸥汀等处的居民开始向龙湖南部迁移开发。民国时，基本形成现在的村落格局。从先秦，龙湖（今龙湖区全境）先后由南海郡、揭阳县、义安郡、海阳县、潮州府、澄海县、汕头市和汕头经济特区直接管辖、共同管辖或交叉管辖。

秦汉

始皇帝三十三年（前 214 年），秦始皇遣五十万人戍守大庚、始安、临贺、桂林、揭阳岭等五岭，派任嚣、赵佗平定南越，略取陆梁地（包括今粤、桂），置桂林、象、南海三郡，其中南海郡辖番禺、四会、中宿、博罗、龙川、揭阳六县。秦末，南海尉任嚣病逝，龙川县令赵佗接任南海尉。至秦破灭，赵佗即击并桂林、象郡，自立为南海武王。彼时龙湖作为南海武王统领之下揭阳县的东南沿海边陲辖地，正式载入了中原版图。

西汉高祖十一年（前 196 年），刘邦立赵佗为南越王，派陆贾颁授玺绶，龙湖为汉所辖。次年，立南武织为南海王，龙湖为南海王所辖。高后五年（前 183 年），赵佗自称南越

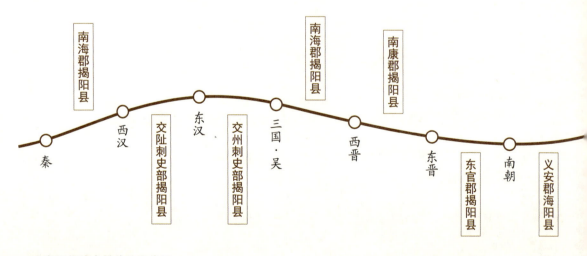

龙湖区辖地隶属关系沿革图

武帝，龙湖为其所辖。

西汉元鼎六年（前111年），汉武帝派兵平定南越宰相吕嘉之乱，分南越为南海、苍梧、郁林、合浦、交阯、九真、日南七郡，不久又置儋耳、珠崖两郡，共九郡。南海郡仍辖番禺、博罗、中宿、龙川、四会、揭阳六县，龙湖属南海郡揭阳县。

东汉建武五年（29年），郑弘上奏开零陵、桂阳两郡道，互通南北，地处南海之滨的龙湖可循所辟郡道直达当时京师。同年交阯牧邓让率南海（包括揭阳县及其辖下的龙湖）、苍梧等七郡奉贡。

三国两晋南北朝

三国东吴赤乌五年（242年），南海郡太守钟离牧为安抚平息聚众骚动的数千民众，占据揭阳十余年。龙湖此时为东吴揭阳县辖地。

西晋太康三年（282年），置南康郡，揭阳为其属县，龙湖为南康郡揭阳县辖地。

东晋咸和六年（331年），分南海郡立东官郡，揭阳为东官郡属县，龙湖属东官郡揭阳县地。东晋义熙九年（413年），分东官郡立义安郡。以原揭阳县地立义安郡，辖海阳、潮阳、绥安、海宁、义招五县。龙湖大部分属义安郡海阳县，其中妈屿岛属潮阳县招收都。

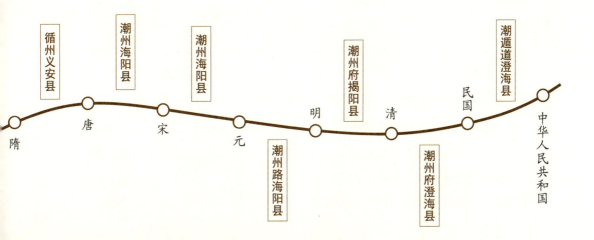

南北朝齐朝永明七年（489年），武帝封其二十子萧子珉为义安王，龙湖属义安王辖地。梁朝大宝元年（550年），简文帝封其第十八子萧大昕为义安郡王，龙湖地属义安郡王之封地。

隋唐五代

隋文帝开皇十年（590年），罢义安郡，撤销海阳县，在原义安郡地置义安县，属循州（今惠州），龙湖为循州义安县辖地。次年始置潮州（未设府），辖义安、潮阳、绥安、义招、海宁、程乡六县，龙湖属义安县。隋炀帝大业三年（607年），撤潮州，恢复义安郡及所属海阳、潮阳、万川、海宁、程乡诸县。龙湖大部分属义安郡海阳县，妈屿岛仍属潮阳县招收都。大业十二年（616年），岭南俚帅杨世略起兵据循州兼并潮州，龙湖归其辖。

唐武德四年（621年），复置潮州，龙湖大部分属潮州海阳县，妈屿岛仍属潮阳县招收都。次年唐将李靖平岭南之乱，命荆州总管庞孝恭出兵征讨循州、潮州，恭遣使招慰俚帅杨世略，后杨世略率循州、潮州降唐。龙湖地归唐。唐天宝元年（742年），潮州改为潮阳郡，海阳县（含龙湖地）属潮阳郡。唐乾元元年（758年），潮阳郡复改潮州，龙湖又归属潮州。

五代乾亨元年（917年），刘岩于番禺称帝，国号大越，辖越地，后改汉，史称"南汉"，龙湖随潮州受其辖。

宋元

北宋开宝四年（971年），潘美、杨业等率师平定广南60州214县，潮州及其所属县、乡、都（含龙湖）为宋所辖。至道三年（997年），全国分15路，后又增3路，海阳、潮阳两县受广南东路之潮州所辖，龙湖分属海阳、潮阳（妈屿岛属潮阳招收都）两县所辖。

南宋宣和三年（1121年），割海阳之永宁、崇义、延德三乡地置揭阳县。此时澄海（含龙湖）属海阳、揭阳、潮阳（辖妈屿岛）三县地。外砂和下蓬于是年开始建制，皆属揭阳县蓬洲都。外砂由大衙、富砂、沈洲、东陇、西陇、外砂、下尾砂尾、下埔、横窖九个村所构成。下蓬辖今鸥上、鸥下、周厝塭、夏桂埔、官一、西畔、溪西、铁洲、疍家园等十多个村。

南宋绍兴二年（1132年）撤销潮阳、揭阳二县，并入海阳县。此时澄海（含龙湖）

一带属海阳县地。绍兴八年（1138年），从海阳县析地，复置揭阳、潮阳二县，与海阳并称"三阳"。此时澄地（含龙湖）属海阳、潮阳、揭阳三县地。

南宋景炎元年（1276年），宋帝昰自泉州移驾潮州，驻师南澳。越年正月，元兵入潮。元至元十六年（1279年）正月，元将张弘范押解文天祥从潮阳到元京，丞相陆秀夫抱幼帝昺投海而死，南宋灭亡。翌月，设潮州路总管府。至元十七年（1280年），改潮州为潮州路，海阳县（含龙湖地）属潮州路。

明清

明洪武元年（1368年），潮州路所属各县、乡、都（含龙湖）改属明。洪武二年（1369年）改潮州路为潮州府，龙湖地属该府辖。洪武三年（1370年），揭阳县蓬洲都置鮀浦巡司，辖龙湖一带。揭阳县置蓬洲都守御千户所于今汕头厦岭地。至洪武二十七年（1394年）该所迁至鮀浦，龙湖受该所辖。

明嘉靖四十二年（1563年），督府强梁平定张琏作乱之后，应地方绅士曾栋的请示，奏请朝廷划海阳县的上外莆都、中外莆都、下外莆都，揭阳县的蓬洲、鳄浦、鮀江都及饶平县的苏湾都，共7个都置澄海县，隶属潮州府，县治设于下外莆都辟望村（今澄城）。澄海设县后，其行政区划为都、图、村。从海阳、揭阳和饶平三县划来的那7个都，其

地与名不变。其时龙湖属澄海县蓬洲都管辖。

清顺治三年（1646年），清兵入澄城并接管全县。顺治十二年（1655年）郑成功攻占揭阳后经龙湖鸥汀进兵澄城，知县南仲、守御所千户总兵谭天锦弃城逃走。顺治十五年（1658年），郑成功率部攻下澄海南洋后再攻澄城，知县祖之麟开城门投降，郑军收编城中军士千余人。蓬洲都龙湖此时为郑部所制。

清康熙元年（1662年），朝廷派吏部侍郎科尔坤等查巡潮属沿海六县，并对东南沿海开始施行靖边海禁政策，强令沿海居民一律内迁50里。龙湖地属迁界范围。康熙五年（1666年），随着澄海沿海乡民被令迁入内地，澄海县建制被撤销，县地（含龙湖）并入海阳县。康熙七年（1668年），广东巡抚王来任巡视闽粤边海，于病危时遗疏朝廷，陈述迁界乡民百姓之苦，请求复界，让乡民归乡恢复渔耕。康熙八年（1669年），朝廷派都统狄堪会同两广总督周有德等官员查明潮地沿海乡民迁界详情，批准取消迁界。龙湖乡民始得迁回故园复耕复渔。恢复澄海县制后，原县治复设，龙湖地又归属澄海县蓬洲都管辖。康熙五十六年（1717年），放鸡山（今妈屿岛）脱离潮阳改属澄海管辖。

清嘉庆十九年（1814年），澄海县行政区域划为2个乡、7个都、58个图、138个村。龙湖属延德乡蓬洲都所辖包括大牙（衙）、外砂、下埔、渔洲、疍家园、鸥汀背、官埭大路、打铁洲、洋边等。

民国时期

民国元年（1912年），废潮州府，置潮州军务督办，辖潮州各县，再改为潮梅镇守使，辖潮州、兴梅各县及汕头埠。

民国十年（1921年），汕头埠成立市政厅，改称为汕头市，与澄海分治。同年，澄海县撤都设区，属龙湖地的上蓬区（主要辖外砂、新溪）、下蓬区（主要辖鸥汀、官埭）当时系澄海县所辖。

民国三十二年（1943年），澄海县政府机关迁往饶平内寮乡，继迁樟溪乡，再迁东官乡，龙湖处于失管状态。

民国三十四年（1945年），澄海县政府从饶平迁回澄海，恢复对各区（含龙湖）的行政管理。

中华人民共和国成立后

1949年10月24日，中国人民解放军闽粤赣边纵队第3、第4支队各一部开进澄城，澄海（含龙湖）全境解放。次日，澄海县人民政府成立，龙湖当时属澄海县上蓬区（今龙湖区外砂镇、新溪镇辖地）和下蓬区（今龙湖区鸥汀、珠池、金霞、新津、龙祥等街道办事处辖地）管辖。妈屿岛解放数月后仍作为海防前哨，岛屿上驻扎解放军边防部队。

1981年，经国务院批准，在汕头市划龙湖试办经济特区。1984年，汕头经济特区扩大范围，其中的龙湖片区面积22.6平方公里，划入经济特区范围的包括龙湖、广兴、辛厝寮、陈厝合、内充公、外充公等六个乡和妈屿村，以及金砂区、郊区和澄海县的部分土地。1991年，汕头经济特区再次扩大范围，以龙湖为基础，划入下蓬镇组建龙湖区。1996年，撤销下蓬镇建制，同时设置鸥汀、龙祥两个街道办事处。2003年，澄海市的外砂、新溪两个镇划归龙湖区管辖。调整区域后的龙湖区辖金霞、珠池、新津、鸥汀、龙祥五个街道和外砂、新溪两个镇。

在龙湖区的南面是**汕头内海湾（三江）**出海口，一座白色大桥横跨海湾，连接**龙湖与濠江**。而在这海口江心漂着一座小岛，正好处于大桥的中间，形成一座巨大的**天然桥墩**，与大桥连为一体，稳稳地托住这座长达几公里的**海湾大桥**。这座小岛就是汕头有名的**妈屿岛**。

第二章
地理风光

海湾大桥与妈屿岛连为一体，结束了进出妈屿岛只能靠渡轮的历史

海湾大桥落成通车后，居民和游客仍可以从妈屿渡口乘渡轮上岛

| 妈屿岛 |

在龙湖区的南面是汕头内海湾（三江）出海口，一座白色大桥横跨海湾，连接龙湖与濠江。而在这海口江心漂着一座小岛，正好处于大桥的中间，形成一座巨大的天然桥墩，与大桥连为一体，稳稳地托住这座长达几公里的海湾大桥。这座小岛就是汕头有名的妈屿岛。

海湾大桥中间有引桥可上岛，但也有不少游客选择岛屿北面的妈屿渡口乘坐渡轮，十来分钟即可到达。妈屿岛与闹市一水之隔，这里宁静安谧，风景秀丽，素有袖珍旅游宝岛之称。全岛陆地面积 26.2 公顷，分别由凤头山、营仔山、尖山三座小山组成，最高海拔仅 44 米，海岸线长 2.3 公里。现岛上居民有一千余人，主要从事渔业生产。

妈屿原名马屿，与东边的鹿屿（现称德州屿）隔水相望。妈屿岛地理位置极其重要，扼守着汕头的海上航道，是汕头港的门户，清政府曾在岛上建炮台，派巡兵驻防。清咸丰三年（1853 年），粤海关在妈屿岛设立潮州新关，汕头开埠之后又设潮海关，开启了

妈屿岛天后古庙前的牌坊

汕头百年商埠的辉煌历史。

自元代开始，妈屿岛上便有商船、渔舟往来。为祈求航海平安，船主渔夫专程从福建湄洲妈祖的故乡请来香火，集资兴建天后庙祭拜。妈屿岛上有活鸡祭拜妈祖的习俗，过往船主渔夫以活鸡祭拜妈祖之后放生，任其自然生殖繁衍，时间一长，岛上鸡群遍地，故又名"放鸡山"，现今岛上设有大型的鸡群嵌瓷雕塑。后来随着往来船只停泊祭拜增多，妈祖庙声名远播，"妈屿岛"一名便取代了原名的马屿岛或放鸡山。

妈屿岛上除了新老两座妈祖庙，还有海龙王庙、东海普陀山寺、伯公庙等多座大小神庙，以及屹立在放鸡山顶的大型的望海观音雕像。岛上还有一个一百多年历史的海滨浴场。早在清代，每逢炎夏，住在汕头和出入妈屿的外国人，都会到妈屿岛上避暑，并在岛上建起了别墅式的休息场所，形成了妈屿岛欧陆建筑风格。此外还有建于1853年的礼拜堂、清代海关旧址、观海亭、观凤亭等。百年的时光，沉淀下来的是厚重的历史。如今，妈屿岛已经成为一处集人文与海滨风光于一体的旅游胜地。

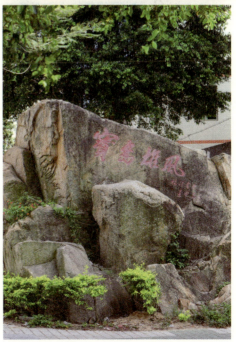

妈屿岛局部景观

潮海关

妈屿岛，将进出汕头湾的水道一分为二，扼守着汕头的海上航道。在康熙五十六年（1717年）之前，妈屿归潮阳县管治，其军事海防割归南澳镇澄海协左营，称"放鸡山海汛"。据清嘉庆《澄海县志《卷二》疆界》记载："放鸡山本隶潮阳县，康熙五十六年建设炮台，奉拔澄海协外委一员，操巡兵三十二名，在彼驻防。"

由于妈屿位置的特殊，在汕头开埠前，就有外国人营居妈屿岛，与内地商贩做买卖。潮州与香港的贸易猛增，船只往来十分频繁，使两广总督充分认识到汕头港的重要性。清咸丰三年（1853年），粤海关在妈屿岛南侧的营仔山上设立潮州新关，也称"常关"，辖原庵埠总口及其所辖各口。潮州新关由中国人管理，并未对外开埠通商，仅是内贸商埠。但此时的妈屿岛已经有外国的轮船在进行鸦片走私、苦力贩运及私下海上贸易。当时英属马来亚、荷属印尼等地，由于种植园和矿藏开发需要大批劳力，人口贩子便把魔爪伸向中国。由于清政府管治松懈，汕头港的苦力贸易十分猖獗，妈屿变成了"卖猪仔"的口岸。单在1852年至1858年的六年间，从妈屿掠运出洋的苦力即约4万人。

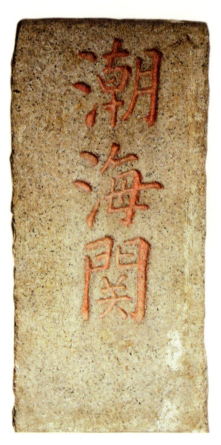

清代"潮海关"石碑，收藏于中国海关博物馆

　　咸丰八年（1858 年），清政府被迫签订《天津条约》，开放潮州等十处通商口岸。后因潮州民众有所抵触，遂将通商口岸设在汕头。咸丰十年（1860 年），在美国人的督办下，潮州府在妈屿岛南靠海处，建了一座二层洋楼，设立潮海关，汕头正式开埠。妈屿岛上同时并存两个海关，一是清政府管理的常税潮州新关，一是外国人操办的洋税潮海关。同年，英国也在妈屿岛设立领事馆。此时的妈屿岛聚集了大量的西方商人和传教士，他们在此创建教堂、男校、女学等机构。

　　潮海关的要职都由外国人担任，他们把外轮私下海上贸易纳入合法轨道，执行不平等海关税则。外贸的加速发展，使税收大幅增长，汕头（包括妈屿）也获进一步发展，跃为当时华南商业巨埠。清同治元年（1862 年），潮州新关遭海盗洗劫，翌年迁入汕头市区，设于现老妈宫对面的新关街。各国领事馆和洋行也陆续搬出妈屿岛。同治四年（1865 年），潮海关也从妈屿岛搬迁至居平路办公。至光绪二十七年（1901 年），奉清政府户部和海关总税务司署令，潮州新关划归潮海关接管。

　　虽然潮州新关和潮海关迁入汕头市区，但总税务司却未放弃在妈屿岛上驻守，先后三次在妈屿岛上购土地，建造洋楼别墅作为税务司夏天住所基地。在岛南靠海处的两层洋楼和附近的"引水楼"今已不存，仅在营仔山顶还留有两栋建于1923年的欧式别墅——潮海关别墅。上栋为潮海关副税务司夏日公馆，坐北向南，占地 350 平方米，建筑面积 230 平方米，内有 4 间房，外围是通廊，后面有 3 间附属用房。下栋为潮海关有眷高级帮办别墅，占地 300 平方米，建筑面积 253 平方米，内有 5 间房和通道，后侧有 3 间附属用房。中华人民共和国成立后，该别墅由地方管理。1979 年妈屿岛开发旅游区后，由汕头市旅游公司辟为度假村。1995 年汕头海湾大桥建成，上栋作为海湾大桥用房，下栋由汕头市旅游公司使用。1994 年，潮海关别墅旧址被汕头市政府列入汕头市第二批文物保护单位。

天后古庙

天后古庙，又称天后宫、妈祖庙、妈宫，供奉的是"护航海神"妈祖林默。妈祖是中国海洋文化史中最重要的民间信仰崇拜神之一，在潮汕人民的生活中占据着重要的地位。妈屿天后古庙是潮汕地区最早兴建的妈祖庙之一，由于妈屿岛的特殊位置，不仅当地人出海前要到此地来祭拜妈祖，就连过往的船只也会停船上岛祈求妈祖庇佑，妈屿天后古庙在海内外都有很高的声誉。

妈屿岛面积不过才 0.262 平方公里，岛上有两座妈祖庙。老妈祖庙是元代时船夫渔民从福建湄洲的祖庙请来香火而建。初建时的妈祖庙较为简陋，直到明万历四十八年（1620 年），南澳镇副总兵何斌臣拓建庙宇。17 世纪前期，妈屿海域时有海寇出没。明万历四十七年（1619 年）何斌臣奉命出海剿寇，出兵前他特地到妈屿岛祷求妈祖庇佑，

旧天后古庙。因岛上有两座天后古庙，人们用新旧来区分

功德干秋

海湾水恩泽万民

妈屿山福隆百代

从妈屿广场旁的山门拾阶而上，可达岛上最高处

妈屿岛上的鸡群雕塑。旧时妈屿岛上有用活鸡祭拜妈祖后放生的习俗，故妈屿岛曾被称为"放鸡山"

并许下心愿，围剿海贼成功后，必拓建妈祖庙。后来，何斌臣出师凯旋，立即重修了妈祖庙，并立碑记之。清咸丰十一年（1861年）和民国十七年（1928年）均有改建扩建。相传在咸丰年间，老庙的香炉不知何故，一连三次滚落山坡，而且是落在同一块地方，人们猜测应该是妈祖要再建一座新宫。于是，在咸丰八年（1858年），由泉州籍吴姓富商倡建新庙，众善信捐资，历时三年建成。后因年代久远，又遭受台风、地震和人为破坏，新老妈祖庙均残破不堪。1993年，重新修建的新老妈祖庙竣工并举办开光大典。

重新修建的两座妈祖庙均位于妈屿岛北侧山坡，新庙位于老庙南面山坡下30米处，均坐东北向西南，为三进三开间建筑格局，保留清代风格。老妈宫面阔17.4米，进深13.4米，建筑面积233平方米，筑有石牌坊、寿星石雕、亭阁、碑廊、放鸡立体嵌瓷台等，宫前设有祭坛、戏台和天公拜亭。新妈宫面阔17.65米，进深14米，建筑面积247平方米，分门亭、下堂、龙虎天井、拜厅、正堂，规模较大。新妈宫东侧有石碑刻5通，其

妈祖庙屋脊的嵌瓷雕像栩栩如生，久经风吹日晒而不褪色

中2通为清代古石碑。重修后的妈祖庙充分体现了潮汕木雕、石刻、嵌瓷三大建筑艺术特色，恢宏典雅，富丽堂皇。尤其是屋脊嵌瓷塑像，久经风吹日晒而不褪色，人物造型栩栩如生。

1979年，妈屿岛辟为旅游区。1988年，两座天后庙被列为汕头市文物保护单位，经陆续扩建，形成占地约3200平方米的妈祖文化景区。

重刻《放鸡山天妃官碑记》石碑。明万历四十八年（1620年），南澳镇副总兵何斌臣拓建妈屿妈祖庙，亲撰《放鸡山天妃官碑记》

龙王宫

闽粤地区普遍敬妈祖为海神，在已有两座妈祖庙的妈屿岛上仍有一座香火不断的龙王庙，实属罕见

龙王是道教神祇之一，源于古代龙神崇拜和海神信仰。传说龙王能游九海，是统领水族之王，掌管兴云降雨，职司一方水旱丰歉，凡是有水的地方，无论江河湖海，都有龙王驻守。每逢风雨失调，久旱不雨，或久雨不止时，民众都要到龙王庙烧香祈愿，以求龙王治水，消灾降福，风调雨顺。

海龙王是人人皆知的海神，但在闽粤沿海地区，自妈祖崇拜兴起之后，海龙王逐渐被淡忘，少见有庙。因此在妈屿岛上仍有一座香火不断的龙王宫，实属罕见，尤其是岛上已有两座妈祖庙。龙王宫位于老妈宫戏台背后，于清咸丰八年（1858年）由妈屿岛上的商家捐资998银元兴建。后因自然灾害及年久失修而荒废。1988年，新加坡华侨张德法带头，发动108位海外侨胞及当地善信捐资在原址上重建。据闻张德法曾梦见海龙王请他回祖国修庙，便回到故乡福建寻庙，却一无所获。后来听闻妈屿岛上有龙王庙，登岛寻获，便集资重修。

龙王宫坐东北向西南，面阔9.75米，进深11.5米，建筑面积112平方米。为二进庭院式砖木石结构建筑，柱梁雕饰体现潮式庙宇的装饰风格，庭院内左右分别为龙虎井，二进主殿供奉高约1米的海龙王及夫人彩色木雕像两尊。屋顶有双龙夺宝、花鸟等嵌瓷浮雕，色彩斑斓，熠熠生辉，是当代潮汕工仿古建筑嵌瓷工艺珍品的代表作之一。

妈屿龙王庙虽不如新老妈祖庙有声望，但也是一直香火不断。其在潮汕甚至是闽粤地区的罕见性，对于这些沿海地区崇拜龙王、妈祖等海神的信仰习俗研究具有一定的参考价值。

在汕头民间，素有"**未有汕头，先有鸥汀**"的说法。这座地处龙湖区北部的"**鸥汀背寨**"，有着七百多年的历史，曾经是**韩江**下游四大名寨之一，是龙湖的**历史发源地**。

第三章

对话古建筑

| 鸥汀背寨 |

在汕头民间，素有"未有汕头，先有鸥汀"的说法。地处龙湖区北部的"鸥汀背寨"，有着七百多年的历史，曾经是韩江下游四大名寨之一，是龙湖的历史发源地。

鸥汀，即海鸥栖息的小洲。远古时代，鸥汀所在地还是一片汪洋大海，春秋至汉代时期逐渐形成沙丘三角洲，开始有人群聚居。因洲上常年有海鸥翔集、栖息，故得名"鸥汀背"。南宋理宗年间，宋将仕郎袁宏从揭阳渔湖都迁至当时隶属揭阳县的蓬洲都鸥汀"逐水而居"。到元代末年，鸥汀人口逐渐增多，开始建立城寨。

鸥汀位于韩江下游，夹于新港、南港、东港三处海口之间。东港即位于鸥汀西边的鸥汀港，是潮汕主要港口之一。鸥汀自明朝辟为港口，这里商贸繁荣，潮州、南澳的货船以鸥汀港为母港、南澳岛为中转站，往来于浙江、江苏一带。当时常有海盗、倭寇侵扰，为患乡邻。

鸥汀街道鸥上社区航拍图

北定门是鸥汀背寨现存的两个城门之一

海盗由水路北上潮州，由陆路西进揭阳，鸥汀为必经之要冲。明隆庆二年（1568年），澄海人林道乾攻破鸥汀，城池被毁，而后村民自发重建。新建的城寨已有约450丈长、100丈宽，是潮州府48座隘口之一。

明万历年间，寨主是澄海县秀才陈君谔，其性情豪爽，有才干，善于用兵，深受乡民拥戴。他将鸥汀背寨修建得天衣无缝，寨外有护城河环绕，四周都是田园沟渠，两层楼高的烟墩、更楼都属于高层建筑物，居于其上，对外围的情况一目了然。一旦倭寇、海盗来犯，驻守的寨丁立即在烟墩燃放柴火报警，召唤大伙上寨准备战斗。鸥汀背寨易守难攻，海盗多次进犯而不得，被称为"海国长城"。

清顺治年间，郑成功进军潮汕筹粮饷，因其粮船常遭鸥汀船队袭击，郑成功愤恨不已，立誓必灭鸥汀背寨。顺治十四年（1657年），郑成功得知寨主陈君谔去世，遂发兵攻寨，遭郑军炮轰血洗的鸥汀背寨成为一片废墟。直至康熙八年（1669年），潮州通判兼澄海知县阎奇英在旧址重建城寨。城墙周长600丈、高1丈4尺，有水师营寨驻防。

鸥汀背寨中的小巷

鸥汀背寨里还住着不少人，一部分旧民居已被改建成楼房

约清朝中叶，有乡贤评出鸥汀八景，即腾辉倒影、证果谈禅、文祠书声、庙前白鹭、南薰纳凉、西宁晚泊、新兴红树、龟桥似月。此时的鸥汀背寨以四座桥与外界相通：北面的龟桥为石拱桥，因形似龟壳而得名；北面西宁桥为石板桥，三块大石板横跨护寨河；南面的辅彩桥亦为石桥；南薰门外的桥是四座桥中唯一的木桥。此外还有南薰、北定、东安和西宁四座"固若金汤"的寨门守护着鸥汀背寨。寨内巷道交错有序、生活设施齐全，人们安居乐业。1942年，汕头沦陷，鸥汀背寨大部分城墙被日军拆除。1950年，拆除了部分年久失修而毁坏的城门，现存有鸥上张厝的北平门和李厝的北定门，以及部分残墙、烟墩、更楼。双重寨门的北定门保存相对完好。

随着岁月的流逝，沧海桑田的变化，鸥汀八景已不复当年的景观，"钓艇歌明月，沙鸥弄夕阳"的画面也只存在于文字中。然而穿梭于鸥汀纵横交错的小巷中，老旧的民居、腐朽的门窗、坚固的石桥、神圣的塔庙，都因其深厚的底蕴、独特的韵味而拨动人心弦。古老的寨子就像是一位老人，纵使抵不过岁月的无情侵蚀，依然从容淡定，静看云卷云舒。

| 腾辉塔 |

塔在中国极为常见，作为古代的高层建筑，有着特定的形式和风格，也因其所包含的功能和意义而形成了一种独特的塔文化。位于鸥汀街道鸥上社区的腾辉塔，数百年来镇守一方，屹立不倒，被当地人视为"风水塔"。

据清嘉庆《澄海县志·卷七》记载，腾辉塔是乾隆二年（1737年）由鸥汀乡检讨辛昌五等人筹建。辛昌五是鸥汀寨辛氏族人，清代进士，任翰林院检讨时奉命赴福州主持科考，途径鸥汀，见此地连年遭受风雨灾害，又常有外寇骚扰，遂倡建腾辉塔以旺地气，拔擢人才。塔建好后，辛昌五亲自为塔题匾"腾辉塔"三字，并撰联："七层耸壮丽之观云蒸霞蔚，五岭盛衣冠之气凤翥鸾翩。"门额石匾及楹联至今仍清晰可辨。当地乡民称该塔为"鸥汀塔"，《潮州志》则称之为"蓬洲塔"。作为风水塔，腾辉塔离海不远，所以在建成之初，该塔作为高层建筑对于海上航行之人起到导航的作用。后来，又成为人们往返于汕澄之间的路标塔。

腾辉塔是一座贝灰沙夯筑的古塔，塔平面为六边形，共七层，高20.3米。塔下边的三层全部夯实，只留下梯道，如此形成极为坚固的塔基，整座塔的承受能力极强。上面四层夯为空心，铺架层板，留有门洞供游人观览。第二层以上为叠涩出檐，每层六面均开有拱形小门。这座七层楼阁式古塔的塔刹，是一个形状与塔身相似的五层楼阁式小宝塔。塔身与塔刹相结合，组成了全国罕见的塔上加塔的建筑结构。

昔时，鸥汀寨地处韩江出海口，寨内支流纵横交错，腾辉塔前就是碧溪绿池，广阔的池面微风轻拂，水明如镜，塔身倒映在水中，相映生辉，宛然如画。"腾辉倒影"成为鸥汀一景，直到20世纪60年代，仍能见到此美景，后来水池被填平，成为一处广场。

经过近三百年的风雨沧桑，腾辉塔仍巍然屹立。1918年，潮汕地区发生大地震，腾辉塔顶上的小宝塔被震倾斜，塔身也出现裂痕，但整座塔却逃过这一劫。这座历尽沧桑的古塔承载着鸥汀人的信仰和昔时的记忆。近来，当地政府已着手修复古塔，重新在塔前修建水池，重现昔日"腾辉倒影"之景。

腾辉塔这种塔上加塔的建筑结构乃全国罕见

| 证果寺 |

在鸥汀街道有两处省级文物保护单位，证果寺是其中之一。证果寺位于蓬鸥中学旁边，紧邻公路。寺门极具特色，为三门四柱牌坊式结构，整体大气恢宏。中门上方刻"万派朝宗"四字，两边小门分别刻着"慈云"和"法雨"。牌坊顶端的匾额上有"证果寺"三个金色大字，由著名佛学家赵朴初题写。

从正门走进，可以看到一栋黄色建筑，螺旋形的屋顶带有印度佛寺的风格，这是护法殿，在证果寺中，它是最古老的建筑，其造型与建筑风格在潮汕寺庙中绝无仅有。此外，天王殿、九龙壁玉雕等也极具特色，尤其是精细的建筑工艺，令人叹为观止。寺中那棵五百多岁的菩提树几乎与证果寺同龄，它见证了证果寺悠久的历史。寺内的般若泉、

证果寺内的护法寺带着印度佛寺的风格，在潮汕寺庙中是绝无仅有的

"证果寺"山门。"证果寺"三字由著名佛学家赵朴初题写

证果寺内的佛教中四大天王之一的广目天王神像

大型泰国佛铜像和缅甸释迦佛玉像是该寺的宝贵文物，也是古寺历史的见证。

证果寺始建于明永乐四年（1406年），初建时名崇福庵，是潮汕地区著名的寺庙。后因"证果"两字在佛教中有成道之意，是潜心修佛的最高境界，遂改称证果寺。

证果寺于清乾隆五十八年（1793年）、民国十二年（1923年）两度重修，规模不断扩大，总面积达1300多平方米。1953年，证果寺被毁，僧侣散去，仅存寺门与几间破屋。1983年，下蓬镇鸥上乡陈金豪、官埭头村纪汉臣两人到潮州开元寺祝圣，触景生情，萌生了复建证果寺的想法。1990年10月2日，证果寺正式开始了全面重建，经过十几年的不断努力，形成今天的规模。

证果寺内具有印度佛寺风格的护法殿

┃准清庵┃

　　明末时期，鸥下村的优婆夷林玉莲在鸥汀建了一座斋堂，用于传播佛教，普度众生。在古时的潮汕地区，鸥汀是个大寨，人流密集，为宗教文化的传播提供了较好的条件。林玉莲的这座斋堂建成之后，香火日益旺盛，成为鸥汀的一处佛教重地。到了清代，斋堂已经具有一定规模，于是在潮安县庵埠镇王万村准提庵高僧释福龙的倡议下，由居士以及信众们募资，对该斋堂进行了扩建，并改名为"准清庵"。

　　20世纪60年代，准清庵遭到破坏，成为一家电镀厂工场。直到1987年，释长庆尼师任住持，准清庵启动修复工程。在释长庆以及众信徒的努力下，历时六年，前中后三座大殿工程陆续告竣，准清庵终于恢复了原来的规模。1994年1月20日，准清庵隆重举行了重建落成暨佛像开光典礼。

准清庵的前身是始建于明末的斋堂，用于传播佛教，普度众生

准清庵位于鸥汀街道西畔村一条僻静的巷子里，这条巷子以初建时的斋堂为名，叫斋堂巷。走到巷口，可以看到一道钢结构的拱门，弧形的门顶镶着"准清庵"三个大字。从拱门进去，庵堂以巷子为界划为两半，左半部分是前中后三座大殿，右边则是宿舍。整座庵堂坐北向南，建筑面积约 1000 平方米，总体格局呈长方形，周围筑有长 60 米、宽 20 多米的红砖围墙。前中后三座殿的屋顶饰有金黄色琉璃瓦，飞檐翘角，闪闪发光。院内大理石地埕上摆放着宝鼎、香案、石炉等佛家用具。院内栽有菩提树、落叶松、榆树、铁树、玉兰、寒竹、香雾、角花等植物，还摆有各种各样的花盆，错落有致，环境优美，确实是一处既可以拜佛又能观光的好地方。

作为鸥汀佛教文化的发祥地之一，数百年以来，准清庵承担着佛教传播的重要功能，吸引了众多僧俗名家慕名前来，他们为这座庵堂题写了很多楹联，成为潮汕地区异常珍贵的人文景观。

准清庵内部建筑（局部）

鸥汀妈祖广场规划方案模拟图

｜鸥汀天后宫｜

妈祖信俗从福建传入潮汕地区，便成为潮汕主要的民间信仰之一，大小妈祖庙宇不计其数，凡是海上往来者，不管是打鱼、经商，还是远渡南洋，势必要来拜一拜"护航海神"妈祖，祈求庇佑航海平安。旧时的鸥汀地处江海之滨，海上贸易频繁，乡民多出海捕鱼，妈祖天后宫便应运而生。

位于鸥汀街道鸥下社区的天后宫，也称鸥下妈宫，初建于明天启二年（1622年），原名"英烈庙"。清康熙十六年（1677年）和乾隆五十九年（1794年）曾重修。中华人民共和国成立后，该庙归属鸥上生产队，后因年久失修，又历经"文革"，几近坍塌。1990年及2002年，在海外乡亲和诸方信善集资倡议之下，按原有的构造模式，保留清代建筑的传统风格，两度重修。1995年，被列入汕头市文物保护单位。

天后宫坐东北向西南，面阔13.1米，进深12.25米，建筑面积160平方米，二进格局。外墙为砖石结构，盖琉璃瓦。前殿庙脊饰"彩凤飞翔"灰塑，两端分别是关于历史人物

鸥汀天后宫门额的"天后宫"石匾
为清乾隆六十年（1795 年）制

故事以及花卉飞禽的嵌瓷；后殿庙脊为"双龙夺珠"。庙前有天公拜亭，为2002年重修时所建。大门两侧的石狮，一张口，一闭口。门额"天后宫"石匾为乾隆六十年（1795年）制，背面刻有重建碑记。庙内为石木柱梁构架，举架间的金漆木雕保留原貌。正殿供奉妈祖木雕像，神像上面有"海不扬波"匾。庙右侧与德福祠相连接，供奉福德老爷及其夫人。庙前是一片空地，立有两根船桅式旗杆，周围是三棵盘根错节的老榕树。

　　明清时期，鸥汀天后宫前有河流经过，沿岸的沙滩白鹭、沙鸥翔集，那情景大概就像南唐诗人徐铉笔下所写："白鹭洲边江路斜，轻鸥接翼满平沙。"此处便成了鸥汀一景"庙前白鹭"。可惜岁月变迁，江河改道，白鹭、沙鸥不再驻足停留，"庙前白鹭"的美景终究成为了历史。

鸥汀天后宫旁的妈祖神像

| 许氏宗祠 |

在鸥汀街道鸥下村南畔中街，有一座建于明代的古宗祠。该宗祠为鸥汀的许氏族人所建，当地人叫它"许氏宗祠"。因整座宗祠以青砖为墙，又名"青砖祠"。在潮汕地区的宗祠中，这种纯青砖结构的宗祠建筑较为罕见，许氏宗祠因此成为潮汕最具有特色的古宗祠之一。

许氏宗祠前面有条巷子，这条巷子因祠堂而得名，被称为青砖祠巷，可见这座祠堂在当地的名气与地位。青砖祠巷的入口便是进入许氏宗祠的一道侧门，上方刻着"太岳旧家"四字。与之相对的另一道侧门上，则刻写着"名贤世胄"四字。从侧门进入，是个长方形的院子，宗祠的正门向着院子。正门上方"许氏宗祠"四个大字是明代兵部尚书黄锦所题。正门两边的墙壁上有汕头近代书法家许书翰的六幅石刻书法作品。

走进宗祠，可以看到前厅挂着一块"高阳望族"的匾额，这块匾额说明鸥汀许氏是由河北高阳的许姓家族南迁而来。历史上，许姓是名门望族之一。先祖许由，字武仲，是尧舜时期的高士贤人。尧帝敬重他的德能，曾有意把帝位让给他，他固辞不受，隐居箕山，农耕而食。后尧帝又请他做九州长官，他到颍水边洗耳，表示不

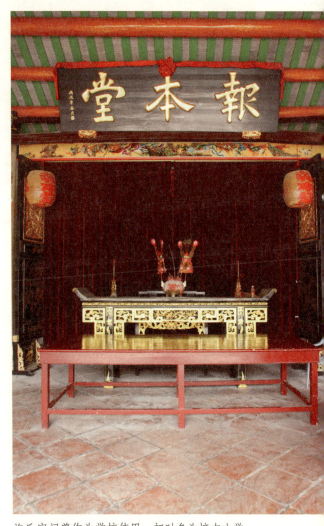

许氏宗祠曾作为学校使用，初时名为培本小学，后改称墩睦小学

许氏宗祠内部

愿听到。他死后葬于箕山之巅，尧帝封其为"箕山公神，配食五岳，后世祀之"，故后人称箕山为许由山。许由活动的地域，正是当年许国之地，因此，后世许氏子孙多以他作始祖。至西周时期，周武王分封各路诸侯国，封姜姓文叔于许国，文叔便以封国为姓，即许文叔。许由和许文叔同为许姓的始祖，只是许由早于许文叔一千一百余年，所以许姓族人认定许由是许姓的开姓始祖，而许文叔则是许姓的开国始祖。

中华人民共和国成立之前，许氏宗祠一直作为学校使用，先是叫培本小学，后改称墩睦小学。

许氏宗祠又称"青砖祠"，其建筑采用潮汕地区罕见的纯青砖结构

｜辛氏大宗祠｜

在潮汕地区，辛姓并不多见，然而在汕头市龙湖区的鸥汀街道却居住着二千多名辛姓人。

据资料记载，鸥汀辛氏来自福建，开基始祖叫辛安世，福州人。南宋嘉泰年间，辛安世来到潮州，任潮州通判。任职期间正值金兵进逼，宋师败溃，朝政混乱，宋室动摇。在乱世中，辛安世不愿颠沛流离，决定落籍潮汕，并选择在揭阳县鸥汀背寨，也就是今天汕头市龙湖区的鸥汀街道定居。

自辛安世定居鸥汀，辛氏一族开枝散叶，他们建立宗祠，并以宗祠为核心，建立了自己的宗族文化。

辛氏大宗祠位于鸥汀街道永兴街，始建于清康熙三十二年（1693 年），康熙五十八年（1719 年）扩建了前座，乾隆四十四年（1779 年）又扩建了山门。经过这两次扩建，辛氏大宗祠形成今天的规模。宗祠坐北朝南，占地面积近 1000 平方米，为三进结构，左右两边建有厝巷，宗祠前面有一道矮院墙，祠堂的大门正对着永兴街，大门上方石刻"辛氏大宗祠"，左右两边刻"枕经猎史""金友玉昆"字样。门上雕有民间故事浮雕，图案生动而又精致，堂内的金漆木雕以及屋顶的嵌瓷显示了潮汕古建筑高超的艺术水准。

辛氏大宗祠最有特色的地方是堂内有一条碑廊，廊上依次排列着十几块石碑，碑文记载了宗祠历代修建的情况。这条碑廊以及这些保存完整的碑刻对于研究潮汕宗祠文化具有重要的价值。2010 年，辛氏大宗祠被列为汕头市文物保护单位。

辛氏大宗祠正门

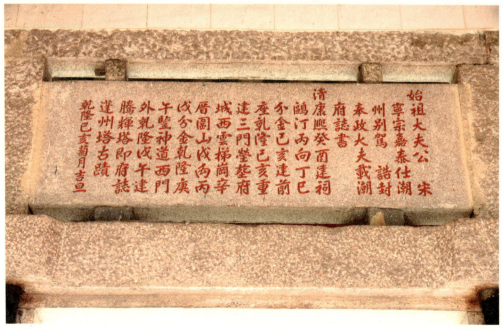

辛氏大宗祠内碑廊中的石碑

鸥汀进士第是清朝进士郭绍宗的旧居

鸥汀进士第

"下山虎"是潮汕地区比较普遍的传统民居建筑形式。相对于"四点金""驷马拖车"这些较为复杂的建筑形式,"下山虎"户型更为小巧、简单,也更适合平民百姓居住。鸥汀寨中存留的清代风格民居就大多是"下山虎"式,位于鸥上方巾巷中段的进士第就是其中的典型。

鸥汀进士第,为鸥汀清朝进士郭绍宗的旧居,是龙湖区现存的唯一的进士第。郭绍宗为乾隆二十二年(1757年)进士,为人正直热心,候任赋闲在家时曾帮助乡民解决邻里纠纷;与众人捐资重修文祠书舍,免费供寒门子弟就学。授任山东临淄知县后,为官清廉,关心百姓疾苦民情,政绩斐然,后卒于任上。

鸥汀进士第为郭绍宗在候任期间修建,距今已有两百多年。其占地面积650平方米,建筑面积约400平方米,为典型的传统"下山虎"建筑。顾名思义,"下山虎"建筑结构犹如下山之虎。大门为虎口,天井、后厅为虎身,天井两边的厝手为两只前爪,后厅两旁的二间正房为后爪。整个建筑非常有气势,如爬行之虎,蓄势待发。"下山虎"建筑一般有前院,有开正门和边门之分,两边的门又称为"龙虎门"。鸥汀进士第就是两边开门,其中一门正对方巾巷。

　　"下山虎"建筑较为小巧，四周有高墙围住院落，非常适合小户人家居住。可见当时郭绍宗建这座房子的时候家里并不富裕，那时候他刚中进士，候任赋闲在家。房子建好之后他并没有居住太久，接到任命之后便举家迁往山东，没有再回来。如今因年代久远，加之其后裔没在此居住，进士第经年失修，已残破不堪。

鸥汀进士第是龙湖区现存的唯一的进士第，为潮汕传统的"下山虎"建筑

| 同归所亭 |

在鸥下埕头巷口，有一座同归所亭，每年农历七月、十一月，鸥汀人会在此祭拜亡灵。这座同归所亭，是为了安抚"鸥汀惨案"中枉死的数万亡灵。

明末清初，鸥汀寨在寨主陈君谔的带领下，把寨子建成坚固的防御堡垒，寨子有护寨河环绕，外围四周是池塘和深泥水田，易守难攻。鸥汀人本性彪悍，陈君谔又善于用兵，出于安全保障以及生存发展的需要，陈君谔组织寨里青壮年组成五百寨勇，并加以训练。这些寨勇平时出海捕鱼，一旦有人侵犯寨子，则成为"战士"护寨守村。当时正值郑成功大举反清复明的旗帜，转战于闽粤沿海。郑氏船队常往揭阳筹粮，并往返于南澳、厦门，

位于鸥汀街道鸥下社区埕头巷口的同归所亭

汕头南澳总兵府内的郑成功雕像

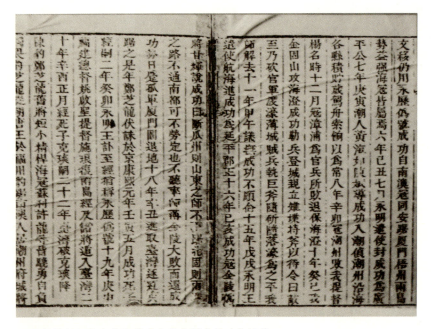

《澄海县志》中有关郑成功在粤东军事活动的记载

而位处韩江下游出海口要冲的鸥汀为其船队必经之地。陈君谔常率乡勇截击或追袭郑军船队，劫掠粮草财物，令郑成功愤恨不已，立誓必灭鸥汀。

清顺治十年（1653年），郑成功引兵围攻鸥汀寨，但久攻不下，郑军还多有伤亡，郑成功也被炮弹击伤，只得退兵。此后，鸥汀船队仍不时袭击郑军粮船，对其海途构成威胁。顺治十四年（1657年），郑成功得知陈君谔去世，决定再攻打鸥汀寨，派部将甘辉为主帅。在得到当地一卢姓渔夫做内应后，郑军用火炮引发炸药，寨墙被炸出缺口，郑军挥师入寨。甘辉因泄愤，率部属大肆杀戮，寨内男女老少，几乎无一幸免。

郑军撤退后的第三天，远海捕鱼的乡人及邻乡亲戚前来探视收尸，路过的郑军船队闻知，再次入寨。两度屠寨，数万人惨死，鸥汀成为没有人烟的废墟。周边官埭、渔洲、万吉西等乡村也受牵连，死伤无数。翌年正月，澄海知县祖之麟率县中好义之士将寨中遗骸火化，至四月方火化完毕，收骨灰三百余石，葬于鸥汀陇仔山丘，并立"万人墓"碑。为了让惨死的亡灵得以安息，后人将"万人墓"改为"同归所"，并建有亭榭一处。

中华人民共和国成立后，"同归所"碑湮佚。1996年在现址建亭，但不再立碑，亭檐写"同归所之亭"，亭有楹联两副："万众生灵悲劫运，千秋俎豆慰英魂。""同年同月同归所，崇德崇功崇福亭。"其石楹柱为清代所立。

同归所之亭的楹联，其石楹柱为清代所立

南薰古庙是一座三山国王庙，里面供奉独山、明山、巾山三位山神

南薰古庙

　　南薰古庙是一座三山国王庙，因地处鸥汀古寨的南薰门内而得名。三山国王指的是揭阳河婆镇北面的独山、明山、巾山的三位山神，民间传说其英灵保境安民、解灾救难、有求必应，因而被潮汕人奉为福神。随着当地移民向外扩展，三山国王成为粤东、东南亚、香港及台湾民间信仰之一。

　　南薰古庙建于清乾隆年间，为砖木结构建筑，红墙灰瓦，坐西向东，宽8.9米，进深9.9米，建筑面积95平方米。门额石匾刻"南薰古庙"四字，背面刻"恩覃乘木"四字，落款为"道光戊戌年夏月榖旦立，沐恩治子许功宏敬酬"。南薰古庙内为石木柱梁构架，进门为门厅，过之为拜亭。拜亭左右分别有小天井，连后殿。古庙左侧有福德祠。庙内供奉三尊国王及一尊国王夫人塑像，两旁供奉着舍人爷、天后圣母、双忠圣爷、巡抚、总督。清道光十八年（1838 年）曾重修。1989 年再次重修。

在南薰门与南薰古庙之间，有一处空旷之地，寨墙之内古榕参天，茂密枝叶向四周扩散，形成天然的遮阳伞，正所谓"大树底下好乘凉"，这里是寨中乡民夏日纳凉的好去处。因此"南薰纳凉"被列为鸥汀一景。晌午，凉风习习，迎面吹拂，旁边的古庙香烟袅袅，令人舒适惬意。寨中乡人不论贫富，都喜欢到此处纳凉，每当有酬神或猜灯谜之类的活动，则更为热闹。

如今，南薰古庙依然香火不断，见证了数百年历史变迁的古榕树依然茂盛，有些老人和小孩仍喜欢到这里纳凉、玩耍。一切仿佛都跟从前一样，除了古庙周边的楼房，以及早已拆毁的南薰寨门。

南薰古庙左侧与福德祠相连

| 西宁桥 |

　　鸥汀寨位于韩江下游，扼外砂河、新津河、梅溪河之咽喉，四周的护寨河直达外江，水路发达，因此渡口、桥梁是必不可少的。古寨西门外的西宁桥是旧时鸥汀寨通向外界的四座桥梁之一，也是现今汕头中心城区唯一一座保留原貌的清代古桥梁。

　　西宁桥修建于清乾隆四十九年（1784 年），是一座东西走向的石板桥，由当地信

西宁桥是旧时鸥汀寨通向外界的四座桥梁之一，也是现今汕头中心城区唯一一座保留原貌的清代古桥

士捐建。昔时的鸥汀背寨设有官道，西宁桥将西宁街与官道连成一线，可通向潮阳、揭阳等地。流经西宁桥下的北畔溪是鸥汀背寨通往外乡的水路。旧时，西宁桥边有一小渡口，可直通外江，那是潮汕沿海各处连接内陆山区的水上通道，也可在此外出换乘大船通达外洋。彼时鸥汀寨内商贸繁荣，西宁渡口舟楫往来不断。每当傍晚时分，往来船只停泊于此，夕阳之下船桅林立，渔歌唱晚，美不胜收。月上中天之时，江月弄清辉，水上人歌月下归，此情此景总能引起人们无限的遐思。正因如此，"西宁晚泊"备受文人墨客青睐，被归入"鸥汀八景"。

沿着鸥下西宁街往西走到尽头，便可看到一座古老的石板桥。两端桥墩由石板加贝灰砂夯筑，与引桥连为一体。桥跨梁是由四条宽约 0.5 米的花岗岩石条筑成。桥全长 19.5 米，桥面长 6.3 米，宽 1.9 米。桥东侧有石碑一通，为乾隆四十九年（1784 年）所立，刻有数十年间当地捐建信士的名字及捐资数量。该石碑是在 2010 年文物普查时在离桥 100 米处的田埂出土。

经过两百多年的岁月沧桑，鸥汀寨的围墙、城楼早已被摧毁，渡口因陆路的发达逐渐消失，就连曾经清澈的北畔溪也变得浑浊。小小的石板桥却依然坚固地横跨于河流之上，供行人过往。只是随着官道、渡口消失，今处于郊野的西宁桥，除了当地农夫，鲜有人至。而昔时港湾"轻舟短楫去如飞"的繁华与热闹，以及"西宁晚泊"的美景，只能凭借遐想来追忆。

西宁桥东侧的石碑为清乾隆四十九年（1784 年）所立，刻录了当时捐建信士的名字及捐资数量

经过两百多年的岁月沧桑，
西宁桥依旧坚固如初

| 官埭寨 |

　　旧时的潮汕人大多聚寨而居，有"十乡九寨"的说法。这些乡寨的建造最初是为了防御外敌，一般有围墙、门楼和四角更楼。宗祠是村寨的中心，民居多围绕宗祠而建，排列有序，形成纵横交错的街巷。在龙湖就有多个古乡寨，除了鸥汀寨、周厝塭寨、陈厝寨，官埭寨也是龙湖著名的古村寨之一。

　　旧时的官埭寨位于韩江下游的江海之滨，南面是一片海滩。南宋宁宗时期，官府令民众在海滩修筑堤坝，以防海潮侵蚀，保护附近村寨不受海水侵吞。因是官筑堤坝，乡

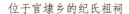

位于官埭乡的纪氏祖祠

民称之为"官埭","埭"指土坝。最早时官埭寨只有曾姓和陈姓人家居住,后来纪氏迁入,其族人越来越多,曾、陈两姓人家陆续搬走。如今的官埭乡是潮汕地区最大的纪姓族居地。

关于官埭创乡始末,有两种说法。一是元朝至正年间,潮汕纪姓五世祖纪辛六为避兵祸,率族人自揭阳迁到蓬洲都鸥汀背居住。为解决生计,纪辛六带领青壮年住官埭草寮,种庄稼,养禽畜。随后官埭的纪姓人家越来越多,纪辛六便以纪姓先贤纪信的家乡名称"扶龙乡"来命名官埭。现今,官埭头村古寨门的石匾,为清乾隆二十年(1755年)立,雕刻"扶龙"二字,右边写着"机学祖建","机学"是纪辛六的表字。

另一说法是,明朝正德年间,居住在鸥汀背的潮汕纪氏九世祖纪宽洪外出游历时,对风景秀丽、物产丰富的官埭心生欢喜,便率子孙宗亲迁居官埭。明嘉靖十四年(1535年)的《潮州纪姓源流录》、清乾隆六十年(1795年)的《潮汕纪氏始祖宋元宠纪公族谱》、2002年官埭纪氏重修的《纪氏祖谱》对此说法均有记载。

清朝初年,郑成功率军队攻打鸥汀屠寨,后来朝廷施行靖边海禁政策,官埭曾一度衰落。康熙八年(1669年),靖边政策解除,纪姓族人重返官埭,随着人口逐渐增多,开始修建围寨抵御外敌,并形成一定的规模。后随着海岸线南移,官府在官埭乡北侧修建瞭望台,因用黏质沙土混合糯米浆夯筑而成,当地乡民称之为"土城顶"。后纪姓族人又在"土城顶"西侧围筑修建起寨墙,称"土城围"。

随着时间的推移,纪姓族人开始迁徙到附近乡寨居住。改革开放之后,寨民们陆续搬出古寨,那些数百年的民居建筑逐渐破旧败落,现存成规模的古民居群有官埭头至官埭尾的扶龙寨以及洋边村的土城围两处,民居为潮汕传统的清代风格建筑。据不完全统计,官埭寨现存古寨墙、寨门、更楼共7处,老书斋、学堂5座,大夫第、儒林第10余座,大小庙宇13座,寨中的14座祠堂及30余座公厅均属纪姓。

蓬沙书院门楼里精美的石雕依然保存完好

┃蓬沙书院┃

　　蓬沙书院，当地俗称"文祠"，其建筑规模为澄海明清七书院之首，也是潮汕地区目前保存最完整、面积最大的书院。位于龙湖区外砂镇林厝村文祠路头的蓬沙书院，始建于清同治九年（1870 年），为清代潮州总兵方耀到外砂"办清乡"时所建。作为旧时兴学育民的教化场所，其中却藏着清末外砂的一段民怨史。

　　清朝末年，国政衰败，多贪官污吏。当时"潮俗好斗，土豪每筑堡聚众，占田产抗官租为常，吏不能禁"。时常发生的宗族械斗，严重影响农业生产和商贸往来。清咸丰三年（1853 年），外砂王厝村王兴顺受太平天国影响，率领农民起义反清，官府发兵围剿，王寡不敌众，渡海出走。同治九年（1870 年），潮州总兵方耀奉命于外砂"办理清乡，处理九县积案"，用铁腕捣毁了一个又一个村落的堡垒，以严酷惩罚来恢复社会秩序。数年间，结积案千余起，悉数均经严治，并无漏网。被剿杀者，有罪有应得的，也有无辜而遭错杀者，不少外砂人在清乡中离家散宅。方耀自知清乡激起民怨，但他也懂"民以教化"为本，为此他在潮属各地新设和复办乡校数百所，其中就包括蓬沙书院。

方耀在外砂各乡筹资，倡建蓬沙书院和方公讲院，委派华埠乡秀才陈大义筹建，至清光绪十三年（1887年）才告落成。蓬沙书院和方公讲院建筑精工细作，工艺上乘。整个建筑坐东南向西北，为潮汕传统民居的四进"双佩剑"布局，面宽33米，进深62米，占地面积2046平方米。门楼为三山门二叠歇山顶建筑，大门"蓬沙书院"连同左右山门"同德祠"、偏门"方公讲院"等题字，为清代书法名家钟德祥手迹。前三进为门厅、中厅、上厅，连同两侧从屋即花巷和排屋，为蓬沙书院；后厅为三开间格局，为方公讲院。蓬沙书院与方公讲院相连，均开八角形门。书斋式建筑，穿斗式梁架结构，中堂为硬山顶，内塑方耀披甲坐像。现保存完好。

蓬沙书院曾是兴学育民的教化场所，当地俗称"文祠"

大革命时，蓬沙书院曾作为农会会所。1938年9月，外砂青年抗敌同志会成立，会址设在蓬沙书院。抗战胜利后，蓬沙书院改作蓬沙初级中学。中华人民共和国成立后，此处建筑成为外砂人民政府所在地，直到1987年政府新建办公楼后搬出，又改作镇文化中心。近年来，蓬沙书院局部建筑出现老化，曾进行抢救性维修养护，并制订了修缮方案。2012年10月被确定为广东省文物保护单位。

左右山门"同德祠"榜书，为清代书法名家钟德祥手迹

名贤王公祠

　　"思无邪与其进也，蒙不洁趋而避之。"这是明代清官王天性留下的训言，也是其一生为人为官的写照。数百年来，外砂镇林厝村的村民们常以这位先贤留下的警言和训导来教育子女，并在名贤王公祠的基础上，筹资创建了"王天性纪念馆"，以纪念先贤。王天性纪念馆现已成为廉政教育基地。

名贤王公祠是传统的宗祠，现已辟为"王天性纪念馆"

位于龙湖区外砂镇林厝村中兴街 85 号的名贤王公祠，是一座具有潮汕特色的祠堂式建筑。大门两侧外墙刻有"南昌循吏，潮郡邑贤"八个烫金大字。坐南向北，祠面宽22.6 米，进深 32.6 米，占地 780 平方米，为二进三开间硬山顶祠宇格局。一进为三门，中门有"名贤王公祠"石匾，左右两门分别有"清风劲节""代有闻人"石匾。馆内有介绍王天性生平的资料，此外还收藏了明嘉靖年间广东监察御史张守约亲笔题赠的"清风劲节"牌匾以及王天性的真迹。二进为七架前后廊石木柱梁构架，现设为展厅，内有王天性泥塑坐像和生平介绍。

王天性本是外砂林厝村人，生于明嘉靖五年（1526 年），少时聪颖异常，长大后诗文写得很好，在当时很有名望。 明嘉靖三十一年（1552 年）中举人，先后于盱眙、上高、南昌任职，为官清廉，政绩显著，深受拥戴。他因议论鞭法得罪上级官员，严嵩党羽多次拉拢他加入严氏阵营，且许诺提拔为布政使，其始终不为所动，后被弹劾罢职。

王天性家境贫寒，罢职后生活更加窘迫。有人劝他拜谒权贵。他说："当我佩带三寸大的官印时，何所求而不得。当时尚且决心不这样做，现反而想借助他人取得余利吗？"他还一再告诫为官的子孙不能有贪婪之举，在所著诗集、文集中留下大量的警言和训导。

王天性平素喜作古文。澄海初建县时，未有县志，他留心考查辑录，于明万历二十二年（1594 年）编写澄海县第一部县志。王天性家乡邻近外砂河，水患多，常失收，他竭力倡导乡民出钱出力修筑堤防，乡人公论："富而好施，人们尚难做到，何况他是贫寒的呢？"致仕后的王天性一直为家乡建设尽心尽力，直到 84 岁卒于外砂。

明万历四十三年（1615 年），民众为纪念王天性的功绩，曾在蓬中村口建怀德祠以祀之。清康熙后期择址重建，清咸丰四年（1854 年）被官兵烧毁。同治、光绪年间重建。1994 年，王氏后人着手重修。外砂二十多位老人为纪念勤政廉政的先贤，并教育后人，积极奔走于全国各地收集资料，共搜集文物古籍 89 件，翻译整理王天性原著 8 本，撰写王天性史料 30 篇，成功募得一百多万元建馆资金。2005 年，王天性纪念馆正式建成并开放，成为当地一处廉政教育基地。

吴复古，字子野，号远游，北宋海阳县延德乡蓬洲都渔洲乡（今汕头市龙湖区渔洲乡）人。作为**唐宋潮州八贤之首**，吴复古算得上是那个时代的另类。他出生于仕宦之家，父亲吴宗统官至翰林侍讲，身为嫡子，他本可承父荫出仕，却辞让给庶史授**国子监教授**。

第四章
遇见历史熟人

吴复古（1004—1101），潮汕八贤之首

┃乡贤吴复古┃

  吴复古，字子野，号远游，北宋海阳县延德乡蓬洲都渔洲乡（今汕头市龙湖区渔洲乡）人。作为唐宋潮州八贤之首，吴复古算得上是那个时代的另类。他出生于仕宦之家，父亲吴宗统官至翰林侍讲。他品行卓越，博学多才，被举为孝廉。宋神宗时被授以皇宫教授，一时名重朝野，公卿鸿儒都倾心敬之，愿与之交好。但吴复古平生淡泊功名，就在他仕途通达之时，却突然以"孝养"为由，上表辞官。宋神宗嘉许其孝心，又知其志在山水，准其所请，赐号"远游先生"。

  吴复古辞官后回到故里，辞别妻儿，离家外游。他对妻子许氏说："黄卷尘中非我业，白云深处是吾家。"后来他在麻田山中筑远游庵，建岁寒堂，辟谷绝粒，做了道士，自此浪迹天下，游遍神州名山大川。他遍交公卿名士，却一无所求，在修道的过程中，自己创造出一套颇见成效的养生之法。

  吴复古与苏东坡的交情深厚。吴复古辞职归家时已65岁，其时苏东坡年方三十出头，在文坛上崭露头角。苏东坡从李师中的介绍中了解到吴复古的为人，神交多年，但未有机会结交。直至宋熙宁十年（1077年）一月，苏东坡改任徐州，经青州赴济南，才有机会与吴复古见面。二人一见即成莫逆之交。

苏东坡后来追述此次会面，说是"子野一见仆，便谕出世法"，这次见面晤谈主题是探研养生之道。吴复古主张不以外物自扰，以不变接外物之变，与苏东坡豪放豁达积极入世的思想有很大差距，但对苏东坡待人处世的态度却有所影响。苏东坡在惠州时，吴复古多次赴惠探访他。吴复古还出谋献策，协助苏东坡营建惠州西湖。

96岁那年，已是高龄的吴复古渡海去儋州，专程拜会苏东坡，带去苏东坡将获赦内迁廉州的消息。这对原来已觉得"垂老投荒，无复生还之望"的苏东坡是一个极大的惊喜。六月，吴复古随苏东坡渡海北归，一直到了雷州才分手。苏东坡到了廉州后，又获准随处定居，因此折回广州，稍后乘船返回。吴复古闻讯，随即带着番禺几位长老追至清远峡，与苏东坡同游广陵寺。离别时，苏东坡问吴复古有何嘱咐，吴复古只是笑笑。翌年四月，吴复古终因不胜老迈劳累，病逝于归途，享年97岁。苏东坡在真州惊闻噩耗，悲伤万分，写下《祭子野文》，极力称赞吴复古"急人缓己，立其渴饥；道路为家，惟义是归"。三个月后，苏东坡也病逝于常州。两个年龄相差三十多岁的莫逆之交，在同一年中走完了他们的人生。

吴复古在仕途通达之际，以"孝养"为由辞官，宋神宗准请并赐号"远游先生"

佘志贞（1643—1705），清康熙十八年（1679年）进士，
又称"佘翰林"

｜翰林佘志贞｜

在饶宗颐撰写的《潮州先贤像传》中，对清代澄海儒士佘志贞是这样评价的："生平笃实温雅，奉职清慎。"佘志贞身居翰林学士等高官要职，为人为官刚正忠直，但更为后世所敬仰的是他的文学修养和成就。清嘉庆版《澄海县志》给予其高度评价："本朝邑人以文章擅科名者，志贞为最。"

佘志贞，原名艳雪，号嵋州，因其为清朝翰林院侍读学士，故人尊称为佘翰林。清朝初年生于潮州府澄海县蓬洲都渔洲乡佘厝上佘村（今汕头市龙湖区渔洲乡上佘村），其出生地祖宅即今太史第。他幼年丧父，又受鸥汀惨案牵连，在母亲带领下逃难到了揭阳县渔湖都塘口佘厝村，孩童时便拜在村中名儒佘元起门下就读。佘志贞天赋聪颖，在名师佘元起的教导下，学业进步极快。佘元起于清顺治十一年（1654年）甲午科中举，适值明朝故老翰林编修、礼部尚书兼兵部尚书黄奇遇告病离开南明朝，归隐于故里渔湖，佘元起常带得意门生佘志贞前往拜访，向其求教，黄奇遇视这师生俩为忘年之交，把多年为官的经历、体会，不加保留地悉心传导指引。佘志贞立志以黄尚书公为榜样，更加奋发上进，于清顺治十七年（1660年）庚子科中举人。

中举之后，佘志贞潜心向学，精益求精，还从教以助学，以期获得更高成就。终于在清康熙十八年（1679 年）进京会试，得中二甲进士，选为翰林院庶吉士，入庶常馆学习三年，后授翰林院编修，历官左右赞善庶子，升侍讲、侍读学士，入值南书房，充政治、唐诗类函两局纂修官。

佘志贞擅诗章，任职史官达二十五年，每次召试或应制诗文，都备受康熙皇帝青睐，名噪一时。康熙二十二年（1683 年），潮州知府林杭学重修《潮州府志》，书成之时佘志贞恰逢在揭阳，于是参与了后期的校订工作，并为志书撰写了序言。康熙二十九年（1690 年），佘志贞出任庚午科山东乡试主考官，录取 49 名举人，其中有 18 人考中进士。康熙四十一年（1702 年），殿试考翰林，佘志贞名列第二。翌年，奉命代祭西岳华山，沿途各省官员争先赠礼，一概拒收。回京复旨后不久即病逝，葬于京师。逝世时家中四壁萧然，人们无不感叹钦佩。遗著有《螭蚴草》。

佘志贞为官正直，两袖清风，还有情有义，时刻不忘家乡。早年赴广州乡试时，为不忘出生地而报籍澄海。高中后回澄海蓬洲渔洲佘厝修祠，祭祖以尽孝；同时也不忘渔湖佘厝养育他长大和栽培他成才的深厚恩情，亦在此建祠堂立籍荣亲。佘志贞声名鹊起之后，在潮州城内兴建府第给亲属居住，其后裔于是落籍海阳县（今潮州市区），旧时潮州府城内有一条街道名叫"佘府街"，正是由此得名。

《潮州先贤像传》中有《佘侍讲志贞》篇

现代诗人黄雨（1916—1991）

| 诗人黄雨 |

　　黄雨，原名黄遗，岭南著名诗人、作家，笔名丁东父。1916年出生于澄海县鸥下乡（今属龙湖区鸥汀街道）。他当过教师、编辑，是中国作家协会会员、中国民间文艺家协会副主席、中华诗词学会会员、广州诗社顾问等。

　　黄雨少时家贫，小学毕业后便步入社会谋生。但他饱读诗书，自学成才。他受进步文学作品影响，心怀报国热忱，积极投身民主革命运动。1937年，黄雨参加汕头青年救亡同志会（后改成汕头青年抗敌同志会），从事抗日宣传工作，并于同年加入中国共产党。抗日战争期间，他奔走于两广多地，当过抗日政工人员、报刊编辑、中学教师等。抗日战争胜利后，黄雨回到汕头市，任《光明日报》编辑，并参加了中国民主同盟在汕头市的秘密组织。1947年，第三次国内革命战争爆发，黄雨为躲避反动派的搜捕，被迫离别妻子女儿，只身逃至香港。在香港任香岛中学和中业学院教师期间，他与薛汕、沙鸥、萧野、戈阳等进步人士组织新诗歌社，出版《新诗歌》丛刊，又参加了"潮州方言文学组"

活动，出版了新诗《残夜集》和方言叙事诗《潮州有个许亚标》。

中华人民共和国成立后，黄雨于 1951 年回到广州，历任华南人民文学艺术院讲师、广东省文联群众创作辅导组组长、《广东文艺》执行编辑和作协广州分会评论委员会会员等。"文化大革命"期间他被打成"右派"，但艰苦屈辱的生活并没有减淡他在文学创作方面的热情，1978 年得到改正后，他的创作进入一个高峰期。他创办主编《天南》文学杂志，并出版了十四期。他对古典诗词研究颇深，在评注的几本古典诗集中，他旁征博引，笺注出版了《新评唐诗三百首》《刘禹锡诗选评注》《历代名人入粤诗选》等作品，足见文学修养之深厚。他为人耿介，朴实诚挚，其诗有棱有角，情韵两胜，出版有《神仙传》《听车楼集》等作品。其中讽刺诗集《啼笑皆非集》针对官场腐败现象和社会上的歪风邪气进行抨击，最为有名。黄雨于 1985 年离休，1991 年在广州逝世。

黄雨编著的诗集《历代名人入粤诗选》《啼笑皆非集》

爱国华侨谢易初（1896—1983）

｜华侨谢易初｜

　　龙湖外砂镇蓬中村香花巷2号，是一座潮式民居的伙巷房间，坐南朝北的三合土瓦房，里面是四间平房。这座隐藏在小巷深处、有些老旧的普通民居，正是华侨实业家谢易初的故居。谢易初是泰国"正大集团"的创始人。

　　1896年，谢易初出生在外砂蓬中村的一户贫苦农民家，从小开始在家里务农，对于农作物的培育种植有着浓厚的兴趣和执着的追求。曾经因为成功培植野菇，被乡人称为"草菇佬"。1922年，一场台风摧毁了谢易初的家园，他带着家乡的农作物种子，坐上了红头船，漂洋过海到泰国暹京（曼谷）谋生。到了暹京以后，谢易初在同乡宗亲的帮助下，租了一间小店，取名"正大庄"，以"光明正大"为宗旨，经营种子业。由于当时正值第二次世界大战期间，国际社会动荡，谢易初的创业之路异常艰辛，到1945年，二十年的心血毁于日寇之手。

　　谢易初决定重振旗鼓，转向培养花籽，发展菜籽和饲养业。正大庄逐步发展成为正大国际投资有限公司。中华人民共和国成立后，谢易初将泰国、香港的生意交给弟弟谢少飞管理，自己携夫人毅然重返家乡，到澄海白沙农场担任技术员。他引进优良的蔬菜、瓜果等农作物品种，先后对蔬菜、瓜果、禽畜、粮食四大类的不少品种进行改良，还与农场职工一道培育出"澄南"水稻，以及玉米、白沙椰菜等十多个高产优质良种，为澄海县以至潮汕地区的农业良种化，为我国和东南亚的农业技术交流与经济发展，做出十分重要的贡献。随后，谢易初升任农场副场长，还曾担任澄海县人大代表、县侨联主席等职。

1965年，谢易初回到泰国，重掌"正大集团"。在谢氏两代人的努力下，"正大集团"已成为当今闻名世界的多元化跨国企业集团。1997年，"正大集团"进军中国，在上海浦东建立"易初莲花"购物中心，随后扩展到全国，同年也在汕头开办了"正大万客隆"购物广场。现今其名下的大型超市已近百家。后来"易初莲花"全部更名为"卜蜂莲花"，"卜蜂"是正大集团在中国以外市场的名字，而"莲花"二字则取自泰国的国花。

谢易初虽然全家移民在外，但发家致富之后仍不忘祖国，不忘家乡，热心支持家乡教育、医疗事业，出资捐建外砂华侨医院、学校等。就连给四个孩子取名，都冠以"正、大、中、国"四字。1983年，谢易初在泰国病逝，享年87岁。

谢易初故居，位于龙湖区外砂镇蓬中村

密林文艺研究社旧址位于鸥汀街道鸥下北畔中街马西巷 6 号，是该社创办人之一**林之原**的故居。在院子一侧的铁门内，为数间相连的单层民房，主房**坐东朝西**，室内陈设基本保留了 **20 世纪 30 年代**的样状……

| 深祖家塾 |

　　家塾，为私塾的一种，指塾师在自己家里或借用祠堂庙宇开馆设学，后指聘请教师来家教授自家子弟的私塾。《礼记·学记》："古之教者，家有塾，党有庠，术有序，国有学。"相传周代以二十五家为一闾，闾有巷，巷首门边设家塾，用以教授居民子弟。

　　深祖家塾位于龙湖区外砂镇林厝村高厝巷3号，为商人高秉深斥资于1922年建成，因宅院外埕建有书斋，故名"深祖家塾"。据《澄海县高氏族谱》记载，高氏在南宋时自福建漳州迁徙于海阳县华窑乡（今澄海下窑乡），约在明代天顺、成化年间开始有高氏裔人在外砂定居，至今已有500多年历史。

深祖家塾内工艺精美的木雕

深祖家塾外埕大门与宅院门楼错开，不在同一直线上，面阔 27.7 米，进深 38.4 米，占地面积约 1162 平方米，为三进式格局。在潮汕传统建筑形制上又加入了西式建筑元素。

前庭天井两侧有房，后为主宅，是潮汕传统的"四点金"建筑形制。二进设有雕花仪门，后堂为祭祖之所。宅院建筑整体为木石结构，贝灰夯筑墙体。两进门额上皆书"深祖家塾"，字体圆转流畅。一进门额背面"兰桂腾芳"四字浑厚有力，为西泠印社元老童大年先生手书。二进门额背面书"聿修厥德"。宅院共有厅房 32 间，主宅两侧有伙巷，巷中有水井，伙巷最后的房间为两层阁楼式建筑，并附带阳台，这在潮汕传统的"双佩剑"建筑形制中罕见。

融合了传统建筑形制与西方建筑元素的深祖家塾

雕花门板上"荣华富贵"的字样寄寓着主人美好的愿望

主宅外墙上均贴有西式彩砖装饰，部分窗户为西式拱窗，在传统建筑形制中融合了西方建筑元素。宅院中木雕、灰雕、石雕基本保存完好，层次丰富，精美绝伦。梁柱上的漆金木雕和门板上的镂空工艺，皆繁复精致，足见当年高氏家族的殷富。檐壁上的浮雕内容除花鸟虫鱼、山水庭园之外，还出现西方人物形象，这在潮汕建筑中也是鲜有的。部分浮雕还采用通雕，立体感十足，彩绘和嵌瓷工艺相得益彰。

2012年，深祖家塾被列为汕头市龙湖区不可移动文物。老宅院现在仍有高氏后人及其族人居住。

宅院中的金漆木雕富丽堂皇，浮雕内容除了传统的山水庭园外，还有西式人物，雕刻工艺精美绝伦

西式的拱窗搭配中式的花纹装饰，中西合璧

密林文艺研究社旧址是外交家林之原的故居

密林文艺研究社旧址

密林文艺研究社旧址位于鸥汀街道鸥下北畔中街马西巷6号，是该社创办人之一林之原的故居。在院子一侧的铁门内，为数间相连的单层民房，主房坐东朝西，室内陈设基本保留了20世纪30年代的样状，墙上挂有密林文艺研究社创办人的图片资料。门口"密林文艺研究社旧址"牌匾由书法家赖少其题写。

密林文艺研究社是大革命时期潮汕地区一个以宣传革命真理、学习新文化、传播新思想为主旨的青年文学社团，于1925年成立，主要创办人有林之原、蔡健夫、袁似瑶、黄润泽等。该社先后以"青年学友会""春笋文艺社"为名，并发表油印刊物《春笋》，在当时的青年中产生了一定的影响。1930年改组为"密林文艺研究社"后，继续发展社员，开展革命活动，不久还成立了莲阳分社。他们团结进步青年，组织学习无产阶级革命文学，并通过刊物《密林》发表具有革命倾向的文学作品，抨击旧社会的黑暗现象，传播追求光明与自由的思想。密林文艺研究社的成立，更鼓舞了社员，他们支持革命、研究革命文学创作的热情更高涨，并于1931年先后出版了两期《密林》。同年，其主创人员林之原与同社社员陈曙光结为伉俪，次年共同在潮阳赤寮植基学校任教。在教学中，他们进行爱国主义教育，启发学生反封建礼教旧思想、追求自由新文化，提高学生的思想觉悟。

由于密林文艺研究社社员与当时澄海下蓬鸥汀乡地下党联系比较密切，加上一些进步活动引起了当时的国民党反动政府的注意，1933年，密林文艺社社员纪奕松被捕，林之原等主要负责人也受到牵连，文艺社被迫停止革命活动。其他社员纷纷逃难，其后多名社员走上革命道路。

2003年，密林文艺研究社旧址重修，并被列为汕头市文物保护点，也成为龙湖区青少年教育基地。

密林文艺研究社是大革命时期以宣传革命真理、学习新文化、传播新思想为主旨的青年文学社团

| 革命树 |

　　榕树是一种生命力极强、树龄可达几百年的树种，古榕树在潮汕乡村很常见，仅官埭乡百年以上的古榕就有近四十棵，官埭尾村的一棵古榕是其中的代表。

　　这棵古榕被称为"革命树"，在第二次国内革命战争时期，官埭的革命先贤曾在这里进行过激烈的革命斗争。1931年，中国共产党东江特委在官埭尾村建立革命根据地，当地乡民纪喜龙、纪经其等青年，在先进思想的影响和带动下参加革命，于1933年加入中国共产党，成为当地革命组织的领导核心。在纪喜龙等人的带领下，官埭尾村的革命军打击土豪恶霸，打开地主粮仓救济贫苦农民；跟国民党军队打游击战，破坏其军事

立于官埭尾村的石碑，与革命树一路之隔

"革命树"下立有石刻，上书"革命树"三字

设施。官埭尾村的这一棵老榕树下成为地下党秘密开会的地点。这棵老榕树枝繁叶茂，形成一把天然的大伞，其位置偏僻隐蔽，周围的大片荒垅长满了茂密的芦苇，正好可以作掩护，许多良策都是在这里讨论决定的。

游击队的节节胜利引起了国民党的恐慌，他们发出悬赏令，捕击纪喜龙、纪力伍、纪经其、纪大头等人。1934年8月26日，叛徒纪亚妹以跟群众接头为由，将纪喜龙、纪经其等人骗到坑田垅，而这里早已被敌人包围。纪喜龙、纪经其二人率领游击队和村民与敌人浴血奋战。因寡不敌众，纪喜龙和纪经其当场壮烈牺牲，另外三十名被捕的同志在这棵古榕树下英勇就义。

为缅怀革命先烈，1955年，经广东省批准，纪喜龙和纪经其被追认为革命烈士。这棵见证了这段轰轰烈烈革命历史的百年古榕，被人们称为"革命树"，并成为龙湖的爱国主义教育基地，供游人瞻仰凭吊。

这棵榕树下曾发生过激烈的革命斗争，故得名"革命树"

微书是我国书法艺术的一种，历史久远，从**西周开始，**到历朝历代几乎都有过微书作品。其最大特点是字体微小，但一笔一画仍清晰可辨，多写于布、绢或纸上。**陶瓷微书，**则是将微书艺术与**潮汕彩瓷艺术**完美结合的一种民间绝技。

第六章

非遗民俗

| 陶瓷微书 |

　　微书是我国书法艺术的一种，历史久远，从西周开始，历朝历代几乎都有过微书作品。其最大特点是字体微小，但一笔一画仍清晰可辨，多写于布、绢或纸上。陶瓷微书，则是将微书艺术与潮汕彩瓷艺术完美结合的一种民间绝技。

　　陶瓷微书是用特制毛笔在白瓷上书写汉字书法，或配上彩绘人物、山水、花木、动物等，再经过高温烧制成器。作品有纯微书、书画结合及以字入画。其中以字入画是难度最大的，需要用微书表现画的颜色和浓度变化，每写一两个字就要换一种笔和颜料，很见功力。因此以字入画的作品量较少，大多是书画结合。陶瓷微书的创作仅凭肉眼裸视书写，字体小至在每平方厘米的瓷面上书写五十多个繁体汉字。一件完整的陶瓷微书，远看是一件工艺品，近看是一幅画，而用放大镜细看时则会发现画面是由无数个密密麻麻的毛笔书法字组成，其微书的内容一般选自中华传统文学的精髓。

　　陶瓷微书的创始人王芝文是汕头人，从小爱好书法和美术，写得一手好字，对古代文学著作颇有研究。从美术学校毕业后被分配到陶瓷厂负责陶瓷设计，王芝文独辟蹊径，把微书写在陶瓷上，

陶瓷微书巧妙地将微书艺术与潮汕彩瓷完美结合

"三国志"陶瓷箭筒是王芝文的代表作

一件完整的陶瓷微书，远看是工艺品，近看是画，而用放大镜看时则会发现画面是由密密麻麻的
毛笔书法字组成

陶瓷微书的字体小至在1平方厘米的瓷面上书写五十多个繁体汉字

首创陶瓷微书。经过三十多年的不懈创作，王芝文的陶瓷微书多次获得国家级、省级金奖，被列入国家级非物质文化遗产。此外，王芝文的陶瓷微书作品作为"中国一绝"走向世界，不仅多次参加国际展览，还作为"国礼"赠送给外国首脑、政要，先后被人民大会堂、中南海紫光阁、钓鱼台国宾馆、故宫博物院、国家博物院、中国美术馆、韩国首尔市政府、泰国淡浮院、美国贝克斯菲尔德艺术博物馆等机构收藏。

位于龙湖衡山路69号的王芝文陶瓷微书艺术馆，是汕头市首个以艺术家名字设立的艺术馆。馆中陈列展示了王芝文创作的近百件作品，其中不乏国宝级的精品。一楼的第一展厅主题为"陨"，展示的是王芝文创作失败的作品。二楼的第二展厅主题为"粹"，是精品展厅，其中的"三国志"陶瓷箭筒是王芝文的代表作。其耗费七年时间，在高85厘米、直径29厘米的陶瓷箭筒上，用繁体字写完了35万多字的《三国志》。三楼展厅展示王芝文较大件的作品和近期的书法作品。目前除了汕头市，北京和东莞亦开设了王芝文陶瓷微书陈列室。

陶瓷微书是集书法、绘画、诗词、古文、陶瓷于一体的艺术，因此对从艺者的综合素质要求很高。首先不仅要视力、体质条件过硬，还要能静心创作，耐得住寂寞；其次要有扎实的书法功底、美术基础和古文修养；熟谙陶瓷知识和工具选择也很关键。对这门工艺感兴趣的人不在少数，但是能有毅力和恒心坚持学习陶瓷微书者寥若晨星，传承之路任重而道远。

王芝文陶瓷微书艺术馆中展出的作品

｜外砂织席技艺｜

　　已有四百多年历史的外砂织席技艺是心灵手巧的外砂先民就地取材，通过他们的勤劳和智慧，为后世创造的艺术遗产。

　　据《汕头市龙湖区大事记》记载：明嘉靖三十九年（1560年），揭阳县蓬洲都外砂村（今龙湖区外砂凤美村）乡民始创编草成席自用。清康熙四十三年（1704年），外砂人改用芏（dù）草织席。采用当地海滩盛产的茳芏，用简单的竹器工具织席，改变了长期以来用麦秆、稻草手工编织草席的历史。外砂织席业也从此发展起来。据清嘉庆二十年（1815年）《澄海县志·卷二十三·物产上·草之属》记载："芏草，俗名咸草。见《尔雅》，郭璞云：'生海滨，南越人取以为席。邑有织席乡，即芏草席也。'"芏草，俗称咸草，

编织外砂草席需要两人分工合作，一人用席批送草，一人用木规压实

织席者需反复提压重
十五六斤的木规达
四五千次，才能织造
出一张白坯席子

织席所用的麻线也是纯手工搓成的

生长在海滨湿地，草质轻，具有吸湿和散气的特性，能随天气冷热湿燥起到调节空间温度和湿度作用，因而用芏草织成的席子比传统的稻草席更具有夏凉冬暖的效果。

外砂织席的生产工序主要是：破草、晒草、压直、择草、布绠、规席、印花、蒸汽、压实、修剪。十道工序环环相扣，道道讲究。其中规席是整个织席技艺中尤为重要的环节。清咸丰十一年（1861年），外砂凤美村人前往丰顺学习木规织席，此后该技艺传到周边各村，乃至潮汕各地。规席技术操作要求高，劳动强度大，需两个人默契配合。一人用竹篾制成的"席批"将草送进用麻绳布置好的线阵中，要求快捷精准；另一人通过提压木规编织成席，要求用力均匀。木规重十五六斤，每张席子需如此反复提压四五千次，一天一般只能织造出一张白坯席子。

席子经过晒干后才进入印花环节。20世纪30年代初，凤美村人陈炳河发明了草席印花技艺，设计的印花图案达一百多个。后经下蔡村"雄昌席社"设计的"双凤朝牡丹"最为经典，与"鸳鸯戏莲池"等潮汕民间传统喜庆祥瑞图案流传至今。印染时，在用皮革雕好花样的模具上刷上染料印制。印花所用的是天然染料，在染料中加酒，再经过蒸汽处理，可起到固色作用，图案不会掉色，一张草席通常可以使用二三十年之久。

明清之后，草席是潮人远洋谋生时所必带的物件之一，至今仍能唤起许多海外潮人的记忆，已然成为一种思乡的情结所在。随着整个织席业进入规模化生产，外砂织席出口远销东南亚和美国旧金山等潮人聚居的地方，至 20 世纪 80 年代初达到全盛时期，成为当地一大经济支柱。

20 世纪 90 年代初期，因织席的原材料莛芏和黄麻线全靠外购，导致成本增加，加上人们对床上用品需求的改变，草席的销量锐减，从而制约了织席技艺的传承和发展。由于织席的技艺要求高、劳动强度大、经济效益低，少有年轻人愿意随师学艺，目前这项传统手工技艺正处于濒危的状况。2015 年，外砂织席技艺被列为广东省非物质文化遗产。随着社会媒体的报道和国内外各种民间文化团体的传播，外砂织席技艺的弘扬也许又能重燃希望。

用芏草织成的外砂草席冬暖夏凉

给草席印花所用的皮革模具

外砂草席经典的印花图案是许多潮汕人的记忆

橄榄菜制作工艺流程

┃潮汕橄榄菜制作技艺┃

　　潮汕橄榄菜，由潮汕盛产的芥菜和橄榄果熬煮而成，气味芳香、咸淡适中，为佐餐之良品，是潮汕人喜爱的杂咸，在潮汕饮食文化中占有重要的位置。

　　自古以来，潮汕地区百姓就有自家加工制作佐餐杂咸小菜的传统习惯。用来制作橄榄菜的芥菜和橄榄均为潮汕地区的盛产之物，在清嘉庆《澄海县志》中便有对这两种物产的记载描述。在长期的生产生活中，潮汕人发现橄榄具有消痰、祛积、助消化的功效，与芥菜叶熬煮，风味独特，可长期储存，于是，形成制作橄榄菜的习俗。

每年秋收之后，农民就会在田里种上芥菜，待到十一二月可采摘时，正好是橄榄果成熟的季节，食用不完的芥菜和橄榄果便可用来制作橄榄菜。先将芥菜叶和橄榄果分别用盐腌渍三十天后，用清水洗净退淡，去除杂质，菜叶切碎脱去水分，橄榄果须油煮。然后将两种原料放入锅中，加入食用油，用猛火和文火焗煮七小时，菜、果慢慢变成乌黑色。烹煮时按比例添加食盐、芝麻油、油炸蒜末等辅料，反复翻炒，停火后再加适量味精，色、香、味俱全的橄榄菜便已制成。整个制作过程，火候控制及翻炒技术十分关键，直接关系到成品的风味和保质期。

橄榄菜色泽乌亮、芳香可口，制作过程原生态，保留了原材料中所具有的丰富营养价值，具有清热泻火、开胃消滞的功效，是上乘的佐餐食品，也是制作潮菜的原料之一。随着汕头开埠，潮人漂洋过海谋生，橄榄菜随之销往东南亚各国，海外潮人称之为"思乡菜"。

作为一项纯手工的民间传统制作技艺，橄榄菜的制作在潮汕城乡几乎家喻户晓。至清代中期，今龙湖外砂一带已兴办专业家庭生产作坊。

发展至今，橄榄菜的制作生产已实现半自动化，在秉承传统制作技艺的基础上，引进现代化生产设备，生产规模实现了从家庭作坊到现代化企业的跨越，这是一个漫长的传承发展过程。2015年11月，"潮汕橄榄菜制作技艺"被列入广东省非物质文化遗产，龙湖外砂的广东蓬盛实业有限公司也被定为"潮汕橄榄菜制作技艺"非遗项目保护单位，该公司董事长为项目传承人。

潮剧盔头一般分为冠、幞、巾、盔几类，能明显突出戏剧演员所扮演的角色

|潮剧盔头制作技艺|

潮剧经过四百多年的演化，已经形成一套完整的戏剧人物"衣箱制"，从剧装就能分辨演员所扮演的角色，具有鲜明的特征。潮剧盔头是潮剧剧装的主要构成部分，与潮剧历史同源，作为一种特殊的工艺美术制品，具有浓郁的地方文化特色，与传统潮剧戏服搭配，相映生辉。

潮剧盔头一般分为冠、幞、巾、盔几类，其制作分为多道繁复的工序，集设计、裁剪、镂刻、镶嵌、织绣于一体。因为是纯手工制作，对制作艺人的要求也很高。除了手法熟练，还必须有相关的历史文化知识，熟知潮剧传统剧装"衣盔规制"的配套常识。

首先，根据不同帽盔的造型，用厚纸板裁样，冠盔的部件还需在纸板上镂刻图案。将裁剪好的纸板折成帽盔形状，用纱线缝接，缝接处用毛边纸贴上封固，再用烙铁加热烫熨造型，制成帽坯。之后，用丝纸包裹铅线，沿帽坯的外边缘粘牢，完成修边。接着在帽盔内面涂上防湿漆，防止演员出汗导致帽盔受潮变形。除布制幞、巾类帽子外，制作盔冠部件须按照不同镂刻图案的纹路将油胶粉挤压成凸线做成镶边，以增强帽盔外观的立体感。这种"镶凸"工艺是潮剧盔头的特有的艺术特色，要求控制好挤压力道，使出线大小均匀，线条连贯，一气呵成，对制作者的技艺要求较高。制作盔冠时需在帽坯

潮剧盔头是特殊的工艺美术制品，具有浓郁的地方文化特色，与传统潮剧戏服搭配，相映成辉

上彩绘，制作幞、巾类帽子则在帽坯上贴上各色绸缎面料。完成了外观的基本绘制和造型后，按各种盔头不同的风格和制作要求，装饰上珠片、帽脚、帽巾、饰珠、绒缨、花翎等，完成成品。纯手工制成的潮剧盔头，具有较高的工艺美术价值。

潮剧的剧装一般由戏班艺人制作，民间也有剧装作坊。20世纪30年代至40年代，汕头地区较有名的如"合法剧装社"和"金记剧装店"，中华人民共和国成立后，逐渐发展为剧装工艺厂。随着一代代老艺人的退休、故去，现已没有专业从事剧装生产的企业。目前汕

潮剧盔头为纯手工制作，对制作艺人的要求很高，除了手法熟练，还应有相关的历史文化知识

头市唯一从事潮剧盔头制作的，只有龙湖区民间艺人陈衍庭的私人作坊。作为此项技艺的代表性传承人，陈衍庭师承其父陈其盛，从事潮剧盔头制作已有四十多年。在制作技艺上，陈衍庭循古创新相结合，用料考究，工艺精细，使盔头穿戴更舒适。由他制作的潮剧盔头已成为粤东、闽南乃至东南亚等地潮剧社团的首选。

2011年，这项由潮剧艺术所衍生的仅靠言传身教的民间技艺，被列为汕头市第三批市级非物质文化遗产，还进入校园，成为一些美术院校的必修课。

潮剧盔头制作工序繁复，集设计、剪裁、镂刻、镶嵌、织绣于一体

| 潮剧戏班 |

潮剧是由宋元时的南戏演化而来，逐渐形成用潮州方言演唱的戏曲剧种。清乾隆《潮州府志》载："所演传奇，皆习南音而操上风。"

外砂潮剧戏班始于清朝中期，最初由上蓬金砂乡（今外砂凤美村）人起戏组班，时有"四顺""六顺""八顺"三个班。清道光年间，外砂蓬中村谢之春把"六顺"和"八顺"班合并，改名为玉正兴班。清同治三年（1864年），华埠村陈杰正组班，计有老正兴班、中正兴班、正华兴班。后陈杰正长子陈义大又从外地买进正丰班，并更名为老正兴班。

清末，凤美村人再度组织三正顺香班。不久，转卖后又再办中正顺香班。同期，李厝村武秀才王泽鹏组起正顺香班、新正顺香班及新天彩班。

从民国初期到20世纪30年代，陆续有老元正班、玉来春班、青光潮剧社、岭南潮剧

开场前潮剧演员们在后台进行最后一次排练

后台里的潮剧演员

社等戏班创建。这些剧社纷纷上演反映当时社会生活的剧目。从清朝中期到抗日战争前夕，外砂潮剧戏班盛极一时。这时期，各戏班四处游城演出。每年开春以后，戏班多到潮汕本地或江西、福建等毗邻省市巡回演出。至年末，各戏班才"煞鼓"返乡。正月起又在家乡一带演出，有时还有几台戏班比赛演出，盛况空前。

随着汕头的开埠，与海外文化交流日益频繁，外砂的潮剧班如中正兴班、三正顺香班等相继赴东南亚一带演出，颇享盛誉。1939 年潮汕沦陷后，戏班因生意萧条，难以维持，大多不得已而散伙。老正顺香班、三正顺香班、老元兴班等相继卖予他人。中华人民共和国成立后，老正顺香班和三正顺香班在潮汕地区重兴，潮剧戏班改称潮剧团。

1951 年，戏剧改革，废除班主制，烧毁童伶卖身契，实行工人自主管理。三正顺香班改为国营剧团，改称三正顺潮剧团。1958 年，并入广东潮剧院。其艺术骨干有著名编剧谢吟、著名导演卢吟词等，该团是潮剧界第一个尝试以女小生代替伶童的剧团。优秀剧目有《樊梨花》《扫窗会》等，《火烧临江楼》则拍成电影，成为潮剧第一部电影戏曲片。

老正顺香班前身为中正兴班，中华人民共和国成立后，该团较早接受戏剧改革，改名正顺潮剧团，成为国营剧团。1958 年，划归汕头市，改称汕头市潮剧团。著名表演艺术家姚璇秋是该团在 1953 年发现并逐步培养成才的。该团著名代表剧目有《陈三五娘》，是潮剧中经典作品之一。

1989 年 4 月，龙湖区成立龙湖业余潮剧团，在潮汕农村乡镇中演出，仍用心演绎着潮剧的精彩。

| 纸影戏 |

"一口道尽千古事，双手对舞百万兵。三尺生绡做戏台，全凭十指逞诙谐。"一语道出了中国皮影艺人的能耐和皮影戏的巧妙。皮影戏，也称纸影戏、皮猴戏等，是一种以兽皮或纸板做成的人物剪影，通过光将人偶的影子投射到白色幕纸或幕布上表演的民间戏剧。

皮影戏在我国已有两千多年的历史，南宋末年，随闽南移民传入潮汕地区，并逐渐融合吸收当地的民间音乐、民间戏曲和习俗，形成了潮俗皮影戏，潮汕人习惯称之为纸影戏或白竹纸影。最初的潮俗纸影戏以白竹纸做幕，在戏台台面装竹框、裱白纸，再通过光的投影，由艺人们在白色幕纸后操纵皮革制成的戏曲人物，用当地流行的曲调唱述，同时配以打击乐器和弦乐进行表演。将人偶涂上红、黄、青、绿、黑等五种纯色颜料，使其在光照下投影到幕纸上的影子显得瑰丽而晶莹剔透，具有独特的美感。

后期纸影戏又称提箸木偶戏，由艺人通过控制人偶背后连接的竹箸使其做出各种动作

清末民初，潮汕纸影戏逐渐改革，撤去幕纸，将平面改为立体，发展成为一种提箸木偶戏，但仍叫"纸影"。人偶头部采用彩绘泥塑，躯干由木头刻成，将麻秆稻草捆扎充当四肢，还有成套的戏服戏帽。人物的大小规格，约为六寸、八寸、一尺。戏剧人物共分为公、婆、生、旦、净、末、丑七个类别，每个人物背后连接竹箸，纸影艺人通过控制人物脖领前的主杆和两手端处的耍杆使人物做出各种动作。纸影戏的舞台虽小，但布景道具都一应齐全，负责舞台演出的叫"抽安仔"，一般由两三名艺人操作，还有全套的锣鼓乐班。

在清代，潮汕纸影戏已非常盛行。在龙湖地区，几乎各乡各里都有影戏班，这些艺人都是半职业或农民农闲时临时组合而成。每逢有民间游神赛会，人们往往会请来演纸影的戏班，在神庙前面、在村头街尾的空地上搭棚做戏，既敬奉神灵，又供众人娱乐。

后期的纸影戏，即提箸木偶戏，十分逼真，几近真人表演。演出时棚面、布景、服装道具、锣鼓音乐甚至剧目，基本上都与人戏相同。龙湖地区的纸影戏发展至今天，已颇具规模，不管是迎神赛会，还是节日庆典，都能看见一两棚纸影戏的踪影。只是唱戏已改为播放录音带，如此戏班人员少、成本低、简捷方便，更有利于影戏班活跃于农村城乡之间。

纸影戏的舞台虽小，但布景道具一应俱全

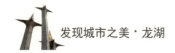
| 潮乐 |

潮乐即潮州音乐，其特点是古老、典雅、优美、抒情。过去，潮乐演奏活动主要结合当地民间婚丧喜庆、游神赛会等活动而开展。潮乐以自娱自乐的方式在民间流行，又因为它具有吹、拉、弹、打等多种乐器演奏方式，需要以组合形式出现，民间乐馆便自然产生。

龙湖区辖内的乡村都设有乐馆乐点，村民将此当作休闲和娱乐场所。各地自由组合的乐馆乐点规模大的有二三十人，小的仅三五人。昔时，在文化底蕴较深厚的上蓬、下

潮乐里的扬琴演奏

在潮汕地区，老人们经常聚集在一起演奏潮乐

蓬一带，潮乐较为盛行。其中，鸥汀的鸥上乡乐馆较多，规模较大的有李氏的五座、蓬祖、古直，陈氏的寄南、新书斋，辛氏的半闲等。20 世纪 20 年代起，许多乐馆乐点相继组成剧社，如下蓬鸥下的巧闲乐馆，由许之翰等组织，起初，他们是以"潮曲清唱班"名义进行活动，后来组成"偶然剧社"，主要演出潮剧。

潮乐乐馆在积极开展活动的同时，十分注重潮乐技艺、理论的研究和对新人的培养。1987 年，由下蓬镇民间组织成立的"腾辉丝竹社"聘请著名潮乐名家为艺术指导，经常开展理论学习和艺术实践，以提高演奏技巧，并广交外界乐友，互相交流切磋，每逢节日为当地群众献艺。汕头电视台和汕头《潮乐研究》等媒体也多次进行介绍。2003 年 10 月，由龙湖区"韵轩潮乐联谊会"创作的潮州音乐《春满渔港》《奔小康》，参加第三届国际（汕头）民间音乐花会获得金奖，同时也被广东省音乐研究会评为"广东民间音乐精品"。

┃灯首盛会┃

  崇尚祭拜多神是潮汕民俗的一个特点。据民俗学者考究，这种崇拜多神的习俗源自岭南百越和闽越祖先的传统文化。在龙湖区的村落中，有僧舍寺庙、三山国王庙、妈祖庙、伯爷宫，还有玄武帝、龙王庙、关帝庙等百余处。自隋唐开始，便有先民陆续迁徙于此。这些先民大都来自中原地带的百姓家族，他们迁徙至福建之后，逐渐转入粤东韩江三角洲地域，后迁至下游富庶的沿海地域。他们中有的是避乱迁居，有的是随任南下，有的是戍边驻防的军人，也有的是水上人家的疍民。这些百姓家族带来了各族群的习俗惯例，这些俗例在生活劳作中相互渗透，并一代代相沿袭用。今天，人们生活中的许多习性，仍保留着先民的遗风。

  "幽韵颂升平合境乐欢腾，清音歌盛世沙庭亮灯首。""灯首"是流行于龙湖区鸥汀等地的一个独特民俗。相传"三山王爷"是潮汕各乡的保护神，鸥汀三王国王庙创建时，由鸥汀上乡的张、李、郭、陈、辛五姓组成的十个家族轮流管理。每年的当值家族

鸥汀三王爷庙创建时，由当时乡里五个姓氏的十个家族轮流管理

在农历二月初挑选一个吉日请"三王爷"出游，谓之"灯首"，每个家族十年轮值一次"灯首"

会在农历二月初挑选一个吉日请"三王爷"出游，巡视乡里，这就是"灯首"，相袭成俗。每个家族十年轮值一次"灯首"。

"灯首"盛会那天，大街小巷全都张灯结彩，当值家族家家户户悬挂起大红灯笼。待到各式各样的祭品都逐一摆放妥当，祭祀便开始了。在广场的中央摆放着一百多头宰好的大肥猪，在农业社会，屋子里有猪才算得上富裕，尽管现今已经不再用拥有大肥猪的多少来标记富裕的程度，但在这民俗的盛会上，每家依然会摆上一头精心打扮的大肥猪。有的把祭品堆砌成塔状，更有做成动物造型的，别出心裁。

每年灯首时都有精彩的文艺游行，游行队伍中少不了本村年轻人组成的标旗队，还有小孩子们的花篮队、灯笼队，当然也有专门从外地请来助兴的演出团体，如潮阳的英歌队、潮州大锣鼓队、铜管乐队等。强壮帅气的小伙子们敲起大锣鼓，舞起雄狮；秀丽温婉的小姑娘拉起弦乐；身着黄色彩袍的小朋友担的是八宝担；精神抖擞的老人们穿上传统的长衫。晚上，四乡八里的乡亲好友闻讯前来相贺。街道上，人流如织，摩肩接踵，热闹的场面不亚于春节。

｜灯谜｜

　　谜语源自中国民间口谜，古称"隐语"或"廋辞"，后逐渐成为一种书面创作。南宋时期，有文人学士常在元宵花灯之夜，将谜条贴在五彩花灯上，吸引过往行人赏玩、猜射，于是便有"灯谜"之称。明清时期，谜风大盛，猜灯谜在民间十分流行。流传至今，元宵节猜灯谜已成为我国民间传统的娱乐活动。

　　潮汕历来猜谜斗智之风甚盛，逢年过节或游神赛会，搭棚猜谜，在城乡形成风尚，龙湖的鸥汀、新溪、外砂等地颇为活跃。改革开放以后，龙湖的灯谜活动得到空前的发展，在全盛时期，几乎村村有谜台。逢年过节，各乡各里都会摆上谜台，挂上灯谜，猜灯谜活动在乡邻之间极受欢迎，大型灯谜活动也经常举办，涌现一批灯谜人才。他们不仅会猜，还会制灯谜，创作了许多具有时代特色的灯谜作品。

　　对于灯谜爱好者，仅在灯会上猜灯谜已经不能满足他们的雅兴，因此龙湖各乡自发成立了各种与灯谜相关的组织。鸥汀收集整理出《鸥汀灯谜》共6集，鸥汀灯谜组曾代表龙湖区参加汕头市的灯谜会猜活动。新溪灯谜组是龙湖谜坛的生力军，已创作灯谜2万多条，经常应邀参加各种大型灯谜活动，还成立新溪谜社，出版《新津谜花》期刊。外砂亦成立"蓬津谜苑"，定期编印谜刊，组织灯谜活动进行交流。2012年，龙湖区灯谜协会成立，其灯谜代表队多次参加国内、国际灯谜比赛，在国内外谜界崭露头角。

　　在传统灯谜文化的熏陶下，龙湖的灯谜传承普及中小学校园，举办"六一"灯谜比赛、少儿"元宵灯谜"活动等。2015年元宵节，龙湖实验中学作为广东唯一代表，组队参加《中国谜语大会》节目，获铜牌。

｜鸥汀剪刀｜

在潮汕，有一首民谣流传甚广，当中唱道："鸥汀剪刀，有钱买无，无钱勿捏，捏了臭初（腥）。"浅显的话语道出了鸥汀剪刀"有钱难买，没钱勿动"的珍贵。古老的民谣声犹在耳，而鸥汀磨剪刀的声音却渐行渐远，淡化在人们的记忆中。

鸥汀剪刀曾风靡潮汕，其盛名甚至远播海外。

20世纪初，抽纱业在潮汕地区兴盛，鸥汀剪刀的市场需求也随之水涨船高。中华人民共和国成立后，在鸥上治生门外建立下蓬剪刀社，以推动地方手工业的发展。剪刀社归当时汕头市郊区二轻局管理，一度门庭若市。该社在工艺方面精益求精，不断推陈出新，并研制出"发蓝"新工艺，在美观之外，更突出了产品防锈的特征，产品更经久耐用。1961年，随着国家对经济结构调整，公社企业被全面清理与整顿，鸥汀剪刀的传统工艺也逐渐消逝在岁月的烟尘之中。

鸥汀剪刀备受民众青睐，但名号最为响亮的，还属鸥下村妈宫头的"裕利号"与灰路头的"元利号"。无独有偶，它们都根源于兴宁。"裕利号"的剪刀用材好、工艺精、轻巧耐用，是多数潮汕绣女的首选。除本地人倍加推崇之外，东南亚各国的华侨归来时也会慕名前来，常常捎带数件或作家用或赠人。通过人们的口口相传，"裕利号"剪刀驰名海外，成为鸥汀剪刀的品牌代言。

关于"裕利号"，坊间有传说，作坊里有一口与众不同的水井，井水中含有利于铁器冷却的矿物质。此说法并无人去考证，但真正关键的，无疑应当是工匠手艺的精巧。

鸥汀剪刀的名号之所以经得住考验，是千锤百炼的工夫锻造而来，是匠人心血日积月累的结晶。

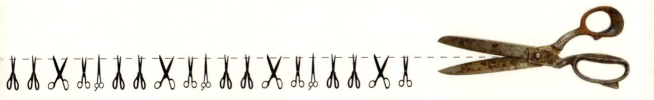

番薯自明代万历年间由福建人从菲律宾带到中国，再由闽南传到**潮汕大地**，成为潮汕人的又一项主食。心灵手巧的**潮汕女人**利用番薯这种易种高产的**杂粮为主料**，制作出了各种各样的食物。**无米粿**便是由此而来。

第七章

行走的餐桌

| 菜头粿 |

俗话说："冬吃萝卜夏吃姜，不用医生开药方。"明代著名医药学家李时珍所著的《本草纲目》介绍了萝卜药食两用的功效："可生可熟，可菹可酱，可豉可醋，可糖可腊可饭，乃蔬菜中之最有利益者。"

在潮汕地区，人们称萝卜为"菜头"，最受欢迎的萝卜吃法有两种：一是菜脯，二是菜头粿。菜头粿起源于民间八月的祭祀活动，曾是一种极为重要的供品，随着时间的推移，它走下神坛，成为人们餐桌上的家常菜肴。

同样是菜头粿，潮州和汕头两地在制作方法上又有所分别。潮州的菜头粿，讲究的是鲜甜，萝卜的比重较大。而汕头的菜头粿讲究的是香味，因此，做菜头粿时萝卜与大米的比例是5：1，另外还要加入香菇、虾米、腊肠、花生、芹菜、胡椒等配料，以突出香味。制作汕头菜头粿时先将萝卜刮去粗皮，刨成丝，下锅炒软，加入腊肠粒、虾米粒、香菇粒、芹菜粒，调入适量味精、精盐、胡椒粉，同米浆、薯粉拌匀，然后入蒸笼内蒸熟，以筷子插入不粘为熟。食用时将菜头粿切块，用油煎至金黄色即可食用，煎好后的菜头粿外酥内嫩，味道清香而不甜腻。

煎菜头粿也有讲究，潮汕有句俗语"菜头粿热单畔"，讲的就是菜头粿的煎法，意思是菜头粿只宜单面煎，使油煎的一面金黄酥脆，另一面则保留萝卜清香鲜嫩的原味。"热单畔"就是"单边热"，也有"单恋"的意思，如果某人做事一厢情愿或单恋了，就可说他是"菜头粿热单畔"。

菜头粿即萝卜糕，由萝卜刨成丝与米浆等一起蒸熟而成

顾名思义，无米粿不是用米浆制成，它是以
薯粉为原料的糕点

| 无米粿 |

从字面上看，粿是一种米食。然而在潮汕地区，却有一种众所周知的小吃叫无米粿。顾名思义，无米粿具有"粿"的特点和口感，却并不是以大米为原料来制作。古时的潮汕属贫困边远地区，人多地少，粮食缺乏，百姓常常陷入无米可炊的生活困境。恶劣的生存环境练就了潮汕地区妇女们持家的本领，为了填饱肚子，她们不得不从"米"之外寻求解决温饱的食材。

明代万历年间，福建人把番薯从菲律宾带到中国，再由闽南传到潮汕大地，成为潮汕人的又一项主食。心灵手巧的潮汕女人利用番薯这种易种高产的杂粮为主料，制作出了各种各样的食物。无米粿便是由此而来。番薯吃不完了，便磨成粉。薯头可以养猪，薯粉作副食及调料。著名的潮汕蚝烙、"清心丸"甜汤、薯粉糕等都以薯粉做原料。无米粿的粿皮便是薯粉做的。

无米粿的馅有两种：一种是咸馅，一种是甜馅。咸馅的制法是取去皮绿豆放蒸笼中蒸熟，用面棍将其压碎，加入虾米茸、经腌制煮熟的赤肉粒、生蒜茸，调入鱼露、胡椒粉、味精，炒匀即成；而甜馅的制法则采用绿豆沙或芋泥。而平常所吃的韭菜馅无米粿则是在粿皮内直接包入韭菜，也就是韭菜素馅。无米粿的吃法也有两种：一种是用蒸笼蒸熟直接食用；但大多数潮汕人都会在锅底放少量食用油煎炸之后食用，煎炸的无米粿外皮香脆，里面的馅柔软香口。吃咸馅的无米粿时配上潮汕产的辣椒酱，是潮汕人认为的绝配。

"巧妇难为无米之炊。"这句俗语表达的是生活的艰辛与无奈。在那贫困的年代里，无米粿实为潮汕巧妇的无米之"炊"，传承到了现代，它已蜕变成老百姓生活里的一道美味小食，在车水马龙的街头巷口飘散的煎炸出来的阵阵粿香，引诱着往来的路人。

｜朥粕粥｜

潮汕人称粥为糜，称白米粥为白糜，混合其他食材的粥一律叫香粥，潮汕话叫"攀糜"。潮汕人爱喝粥，就跟爱喝工夫茶一样，粥在潮汕人的生活中不可或缺，并被发扬光大，成为一道天下闻名的美食。如今，潮汕的砂锅粥名扬海内外，只要有潮汕人的地方，就有砂锅粥。

在汕头，有些经营小吃的老店隐藏于小巷深处，虽然名不见经传，但当你偶然遇到时，会为那里的美食感到惊讶。这些美食比的不是环境，拼的不是食材，确切来讲，吃的是那种让你亲切而熟悉的味道，无论你身在何地、何时回家，它就像老邻居一样，在老地方等你。鸥汀的朥粕粥，就是这样一种让人备感亲切的美食。

朥粕粥的特点在于"朥粕"二字。朥粕就是猪油渣，在物资匮乏的年代，猪油渣是不可多得的食材，用来炒菜有肉香味。而用朥粕来做粥，怕是汕头龙湖区鸥汀村人的独创了。鸥汀朥粕粥

朥粕粥。"朥粕"，潮汕方言，即猪油渣

大约有一百年的历史。20 世纪初，鸥上乡人力再、力任在
鸥下卢厝宫下开店，经营膀粕粥。由于口味独特，受到了
当地人的喜爱，此后膀粕粥便在鸥汀传了下来。到今天，膀
粕粥已经成为代表鸥汀美食的一个标志，很多食客慕名而
来。

鸥汀的几家经营膀粕粥的老店都藏在不起眼的僻静街
巷里，若是无人带路，外地人恐怕是很难找到的。粥店开
在仅粗略装修的简陋门面里，大门向着马路敞开，桌子和
凳子很随意地摆放着，灶头就在路边。客人进门，告知店
主需要多大分量，大碗还是小碗，然后就坐下来等待。膀
粕是早已制好的，随时可以供应。店主将汤入碗，再加入
熬好的粥，然后加入膀粕，再撒上香菜等佐料，一碗香气
扑鼻的膀粕粥就端到了客人面前。桌上有腌制好的辣酱，客
人可以根据自己的喜爱来调味，喝上一碗粥后，还可以坐
在店里泡工夫茶、聊天，让人体味到一种惬意的家的感觉。

┃鸥汀老鹅头┃

同一种食材，因地域不同，烹饪方法也多有差异。在粤菜里，对鹅的烹饪多为烧制，而在潮汕地区，则是以传统卤制处理。卤鹅是潮汕地区的传统名菜，以潮汕地区特产的狮头鹅卤制而成。鸥汀老鹅头在龙湖区远近闻名。

在潮汕地区，卤鹅除了是餐桌上的佳肴，年节祭祀中更是必不可少。过去，潮汕人家家户户逢年过节都会在自家做卤鹅。制作卤鹅时先会用开水烫软鹅毛再拔除，将鹅开腹，取出内脏洗净，沥干多余水分，用食盐抹擦鹅身内外，再用竹筷撑开鹅的腹腔，以便卤煮时更入味。卤鹅最重要的是卤水配料，将八角、桂皮、茴香、姜块、大蒜等用纱布包好放入煮锅，在锅中加入按比例调好的老抽、白糖、清水。先将卤水煮沸，接着将整鹅及内脏入锅，中火熬煮。中途要将鹅多次翻转，使鹅入味和着色均匀。大约煮一个

鸥汀老鹅头肉质肥美，口感滑嫩，卤香入髓

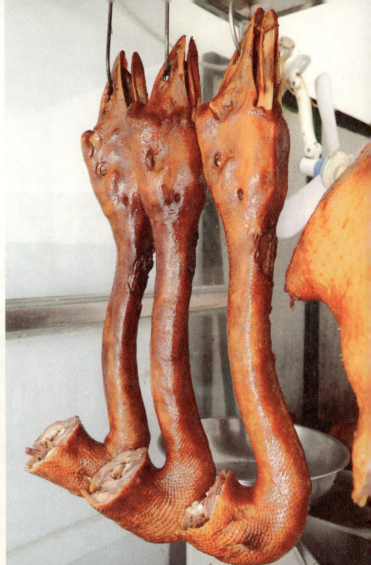

鸥汀卤鹅选用成年狮头鹅制作，狮头鹅鹅头硕大，肉感更足

半小时，用筷子戳刺鹅身，确认熟透即可。

现在除了少部分农村老人会在年节时在自家做卤鹅，大部分人都选择上专门卖卤水的摊店购买。鸥汀卤鹅选用成年狮头鹅制作，狮头鹅鹅头硕大，肉感更足，既可以买整鹅、半鹅，也可以单买鹅头。平时可以随到随买，逢年过节就需预订。鸥汀市集上的卤鹅店比比皆是，可见卤鹅是人们日常生活中的家常菜。老鹅头外观呈暗棕色，肉质肥美，口感滑嫩，因多次反复卤制，卤香入髓，泛着油光的鹅皮让人垂涎三尺。将鹅头切块，淋上卤汁，配上翠绿新鲜的香菜，浓醇的卤香搭配蒜蓉醋或姜蓉醋，肉香四溢。醋的酸中和了肉的咸，蒜蓉或姜蓉又起到二次调味的作用，解腻增香，是吃卤鹅绝佳的配料。

蜑家园的笋农正在给幼笋施肥

疍家园美丽的自然风光

| 疍家园竹笋 |

　　疍家园，即疍民之家。疍民是我国南方水上人家的旧称，他们以船为家，以捕鱼为生。在清代，清政府实行"靖边海禁"政策，令疍民颠沛流离，再返回家园时多已不以渔为业，至今已几乎难觅疍民踪迹。

　　如今的疍家园，生长着大片竹林，不少村民以种竹笋为生，因此提起疍家园，人们想到的或许不是那消失的疍民文化，而是疍家园盛产的竹笋。如果要问在龙湖哪里能品尝到最美味最原生态的竹笋，那必定是在疍家园。这

125

个位于龙湖北部古老而偏僻的村庄,河流环绕,翠竹掩映,远离市区的喧嚣,仿若世外桃源。此处盛产的竹笋鲜嫩甘甜,清脆可口,在龙湖甚至汕头都极负盛名。

蛋家园位于韩江下游的冲积平原,气候温和,土质疏松肥沃,极适合竹笋的生长。蛋家园种植的竹笋以麻竹笋为主,这种笋个头大、肉质厚、味甘鲜脆、营养丰富,有"笋王"之美誉。加上蛋家园优越的自然条件,所产笋干色泽金黄鲜艳,肉质爽滑甘甜,堪称笋中之极品。

蛋家园周围竹林众多,竹林外是成片成片的瓜果蔬菜地,山水田园风光美不胜收。这里的农庄餐馆多以竹笋制作佳肴,有些农庄就隐逸在竹林之中,随时准备与游客来个不期而遇。每年的农历五月到八月,是竹笋的收获期,这个时候到蛋家园,便可品尝到最新鲜可口的竹笋。笋饺是当地常见做法,可煎可蒸,煎的香酥可口,蒸的鲜甜入味;还可做成笋汤,将鲜竹笋与鸡肉或排骨一起熬成汤,不仅鲜甜美味,还营养丰富;此外还可以用烩、爆、炒、焖、熘、蒸、煮等多种方式,将竹笋辅以各种荤素食材搭配成精品佳肴。

由于竹笋收获期短,蛋家园竹笋产量不高,供不应求,外面的市场通常难以买到,如果想尝到正宗的蛋家园竹笋,就得到蛋家园。蛋家园风光秀丽,除了可品尝鲜笋美味之外,还是旅游的好地方。

笋饺是蛋家园常见的竹笋做法

| 南社风味腌菜 |

　　腌菜，也与称"菹"，在《周礼·天官·醢人》中已有记载。东汉许慎《说文解字》："菹菜者，酸菜也。"可见腌菜的历史由来已久。

　　潮汕的盐渍小菜，俗称"杂咸"。杂咸中除了腌菜，还有腌海鲜、河鲜等，像外砂镇南社村的风味腌菜，属于杂咸中的一个重要品类。最经典的有咸菜、贡菜、橄榄菜、菜脯等，属于传统盐渍而成的美食。杂咸自古在潮汕地区就是日常必备的小菜。无论是在平常人家的日常饮食中，或在隆重的宴席上，都能见到其身影。席前作为开胃小菜增加食欲，席后作为稀饭佐餐用于消食解腻，深受潮汕人的喜爱。

　　制作咸菜、贡菜用芥菜，潮汕人称"大菜"。清嘉庆《澄海县志·物产·蔬之属》载："大菜即芥也，气味辛烈，其叶供菹其子为芥，一物而两用者也。"芥菜的叶子可用来腌制酸菜或炒制橄榄菜，菜蕾用于制作咸菜或贡菜。

潮汕腌菜，俗称"杂咸"，潮汕腌菜多用陶瓮腌制

潮汕最经典的杂咸有咸菜、贡菜、橄榄菜、菜脯等

南方的芥菜多在冬季收获,传统腌菜多用陶瓮储存。咸菜传统的做法是先将芥菜去叶洗净晾干,用粗盐腌制,放入陶瓮之中,用石块压实,最后以塑料膜封住瓮口,用绳子系紧,有助于更好地发酵。通常一周之后便可食用,根据喜酸或喜咸的不同口味,可适当调整腌制的时间。贡菜是将芥菜洗净切条,放太阳底下曝晒风干,再搓盐去除多余水分,加南姜末和白糖,与风干的芥菜条一起拌匀,分装进小的玻璃瓶封存,一般三天后即可食用。菜脯即萝卜干,是将萝卜洗净后,经过一天曝晒,晚间收回,装进箩筐,然后撒盐,用石头压实。之后再反复曝晒直至萝卜干扁成黄褐色即可。这是原味菜脯。还有一种做法与贡菜的做法相似。橄榄菜则是用事先盐渍好的芥菜叶子和橄榄一起用油熬煮而成,所以成品的橄榄菜色泽黑亮,口感咸香。咸菜、贡菜、菜脯,都以口感酥脆为佳,色香味俱全的为上。

清代汕头开埠以后,随着海外潮人的增多,杂咸也随之远销至东南亚等华人聚居地。当时,澄海各乡纷纷办起腌菜作坊,称为"菜廊"。光绪年间,富砂的"乾亨菜廊"、大衙的"天盛菜廊"、下蔡的"顺昌菜廊"都是当时有名的作坊。

20世纪80年代初,外砂开发潮汕盐渍菜,以南社村的蓬盛、玉蕾为代表的生产企业,通过创新改良,使传统的腌菜在原来的基础上变成品种更丰富的风味腌菜,产品行销海内外。

| 外砂窑鸡 |

　　窑鸡，顾名思义，就是在窑里焖制出来的鸡。独特的窑鸡烹饪手法多来自农家。外砂属于龙湖郊镇，依然保留有大片田园，当地农家乐带动了农村经济发展，而窑鸡已成为农家乐里的招牌菜。

　　制作窑鸡时先把鸡宰杀洗净，掏出内脏，鸡身抹上精盐调味粉，用姜、葱、蒜、酱油等制成作料腌制。腌制时，用生抽将鸡身抹匀，这样，窑焖制出来的鸡颜色呈金黄色，卖相更佳。腌制鸡的同时便可着手烧窑。窑有砖窑、石窑，也有就地挖成的土窑，农家

炭火把窑烧热后，把鸡放进窑中，利用窑中热量炙烤

新鲜出窑的窑鸡，金黄油亮，肉香扑鼻

乐里多用砖窑。用炭或柴火将窑烧热，待到窑内温度足够高，将窑里的灰烬扒出。把鸡入窑之前，先将作料塞进鸡腹，用锡纸将整鸡包好放进窑内，接着封窑，用砖封住窑口，再用黄泥覆盖整个砖窑，密封每一处缝隙，确保窑里面的热气不会散逸出来。根据鸡的数量，窑烧一个到一个半小时，保证鸡已经熟透，便可开窑。

窑鸡选用的是农家自养的走地鸡，在自然环境中生长，肉质更紧实，口感也更嫩滑鲜美。新鲜出窑的窑鸡，拆开锡纸，金黄油亮，肉香扑鼻，肉质软而不烂，口感嫩滑，皮薄骨松，久食不腻，风味独特。外砂窑鸡成为人们吃过就念念不忘的一道美食。

鸥汀交错纵横的街巷一如走笔曲直的笔触，勾勒出了**金洲**这个翰墨流光的书香部落。在金洲社区东门的池塘四周，十数棵树龄已达**两三百年的古榕树**在孩童的嬉闹声中逶迤生长，繁茂成荫。同这些古老的历史标本一同延续的，还有社区中传承百余年的**对联文化**。

第八章

现代风貌

| 活力龙湖，怀梦升腾 |

　　从百年商埠，到如今的卅载新城，龙湖区承载着深厚的历史底蕴，又充满着向上腾飞的活力。中西文化在这里互相碰撞，相映生辉。华光溢彩的都市风情，映照出这个城市的蓬勃生机。

　　丰富多彩的社区生活，抹去人们一天的疲惫。茶余饭后，在管弦丝竹里，歌声悠扬，赞颂这盛世之下的国泰民安。

　　众多休闲广场和各式主题公园，将文化融于其中，寓教于乐，寓教于游，是市民和

龙湖区新貌航拍图（图片由龙湖区委宣传部提供）

游客放松身心的休闲之所。

书香缕缕，墨韵悠悠。图书馆、购书中心等可以让人在知识的海洋里尽情畅游，充实精神，抚慰心灵。各个艺术展馆如百花齐放，文艺的馨香陶冶高雅的情操，浓厚的文化氛围促使这座城市的文化事业欣欣向荣。

美食具有让人对一个城市流连忘返的魔力，也是一座城市的地方印记。品尝美食和休闲购物逐渐成为现代人一种新型的减压方式，吃喝玩乐购，一站式的消费体验是龙湖各大购物商圈展示品牌魅力的经营模式。

时尚又充满朝气的龙湖，正以宜居宜业宜游的多元优势，吸引着五湖四海的人们前来。这一方热土，怀揣升腾的梦想，正紧随着时代的步伐蒸蒸日上。

| 汕头经济特区的发祥地 |

龙湖区作为汕头经济特区的发祥地,从道路名称到一些标志性的建筑,都展现了新时代的龙湖特有的面貌。

道路就像城市的脉络,道路的名称往往反映着时代的背景和区域的特性。

走在龙湖区的街道上,会发现道路是以中国著名的山川河流为名,同时又兼顾了潮汕本土的山河之名,道路命名的规律是根据我国地理方位来命名的。我国江河多自西向东流,故龙湖区东西走向的道路以江河为名,如长江路、黄河路、韩江路等。我国山川多南北走向,龙湖区南北走向的道路则以山川为名,如嵩山路、天山路、华山路等。行人可以依据路名来判断大致的地理方位,走在龙湖区街头,让人如同在穿越走访祖国的大好河山。

现在龙湖区的道路名称是自 1989 年起才正式启用的。龙湖区是汕头经济特区的发祥地,自 1981 年起步建设,至 1984 年,汕头经济特区的区域面积已扩大到 52.6 平方

公里，分龙湖和广澳两个片区。其中龙湖境内珠池片区的道路，纵横交错有二十多条。除了珠池路和金砂东路，其余道路名称原来暂定为龙湖一路、龙湖二路、工业一路、工业二路等。其他成片开发的区域如 21 街区、24 街区，也是来自图纸规划中的叫法。如此类似的叫法连在这里工作的人都不易记清，很容易让人混淆。道路的命名成为汕头经济特区建设中的一项重要任务。1989 年，经汕头市地名委员会批准公布，正式采用这套用中国的山川河流来给街道命名的办法，龙湖区的道路名便一直沿用至今。

龙湖区的道路，以中国著名的山川河流和潮汕本土的山河之名来命名

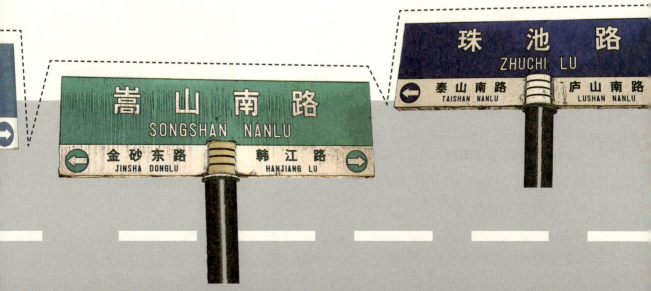

迎宾广场作为龙湖区政府驻地的一部分，周围数百米内聚集了龙湖区大部分的机关单位及办公场所。迎宾广场是市民娱乐休闲的文化广场，也是龙湖区大型文体活动场地之一。2008年北京奥运会火炬接力汕头站起跑仪式就在此隆重举行。

汕头经济特区的地标建筑之一的《升腾》雕塑，位于龙湖区迎宾广场之上，迎宾广场也因此成为旅游团观光的景点。《升腾》雕塑矗立于有八级台阶的黑色花岗岩平台上，坐北朝南，台基正面塑有金色的"汕头经济特区"字样。雕塑主体是三根金属材质、高低错落有致的银色方柱，方柱顶部镶连着三颗星星。方柱两侧为直径约3米的半圆形铜质半球体。整个雕塑象征着破壳而出的希望之光，气势如虹，直指长空，充满着升腾向上的时代气息。

《升腾》雕塑整体采用了石、铜、不锈钢为材质，其设计理念是展现由石器时代、青铜时代、铁器时代发展至今天的高科技时代的历史进程，也寓意汕头经济特区事业蓬勃发展，蒸蒸日上。1994年，汕头的《升腾》雕塑与深圳的《开荒牛》、珠海的《海珠女》、厦门的《白鹭》、海南的《鹿回头》等雕塑一同作为五个经济特区的标志，被印入中国邮政总局发行的首套《中国特区》纪念邮票中。

除了迎宾广场，时代广场是龙湖区另一个具有代表性的大型的城市广场。时代广场是汕头最大的绿化广场，与长平路96号的林百欣国际会议展览中心相连，被称为汕头市的"城市会客厅"。2015年，时代广场经过绿化改造，17万平方米的广场，绿化面积达11万平方米，环形曲径步道1.4公里，还种

迎宾广场航拍图，图中央的《升腾》雕塑是汕头经济特区的地标建筑之一（图片由龙湖区委宣传部提供）

植了各种花卉和大株的秋枫，满足观赏和绿化遮阴的功能。

广场上的《大潮》雕塑是继《升腾》雕塑之后，龙湖区另外一座具有象征意义的城市雕塑。1997年，第九届国际潮团联谊年会首次在国内举行，《大潮》是该届年会的主题雕像。《大潮》雕塑是由天津画院潮籍雕塑家庄征所创作，雕塑建于喷水池中央，立于一个有六级台阶的圆台之上，雕塑造型简练，创意独特，寓意深远。金属材质的三条"V"字形曲线，像奔腾涌动的江水，给人以一种静中有动的视觉效果，象征着贯穿于潮汕平原的韩江、榕江、练江，三江在汕头港汇合，奔流入海，市民亲切地称之为"三江水"。从不同角度观看，雕塑又像一只撑开的手掌，紧凑的结构也象征着大潮汕人的团结友爱，更寄寓海内外潮人齐心协力为家乡的经济腾飞而奋斗拼搏的精神。

漫步于时代广场，目之所及是绿草茵茵的阳光草坪、盛开的鲜花和青翠耸立的树木，空气中弥漫着花草的清香和泥土的味道，令人心旷神怡。每当夜幕降临，《大潮》雕塑处的音乐喷泉开启，又为广场增添了一道引人瞩目的风景。

来到时代广场，远远就能看到伫立在广场后方的林百欣国际会议展览中心。

1997年11月10日，香港著名侨领、实业家林百欣在汕头捐建的林百欣国际会议展览中心落成。会展中心占据汕头市中心城区的黄金地段，总建筑面积达35000平方米，会展中心前方16万平方米的广场，视野开阔，景色宜人，是市民休闲娱

时代广场被称为汕头市的"城市会客厅",广场上的《大潮》雕塑,寓意着贯穿潮汕平原的韩江、榕江、练江在汕头港交汇入海

《大潮》雕塑的"三江水"造型，寓意着贯穿潮汕平原的韩江、榕江、练江在汕头港交汇入海

乐理想的聚集之所。会展中心建筑外观大气磅礴，造型设计新颖独特，是汕头现代性地标建筑之一，曾入选汕头改革开放 20 年 20 项大型建筑。中心功能区包括会议中心、展览厅、大会堂、宴会厅、多功能厅、酒店等，配套有现代化智能管理系统。展区分散于四个楼层，总面积 7838 平方米，拥有 400 个国际标准展位。大会堂空间宏大，装饰堂皇，舞台宽阔，排练厅、化妆厅与贵宾接待厅一应俱全，适合举办大型文化演出与重要会议庆典活动。其观众厅分为前区和后区，共 1997 个座位，以及 7 个贵宾包厢，这两个数字，记载了会展中心建成的时间，也为了纪念香港回归的重要时刻。

香港著名侨领、实业家林百欣先生

位于四楼的"潮韵厅"，是可容纳 500 人同时用餐的潮汕风味餐厅；五楼的"水晶宫"既是宴会厅——可容纳 1000 人同时用餐，又可用作多功能会议厅；六楼的"银河厅"兼具多功能会议中心和音乐咖啡茶座功能；100 座的"久洋厅"配有六声道同声传译系统，可举办中小型国际会议、研讨会、新闻发布会等；而 300 座的"万花厅"则适用于举办中小型会议、文艺演出和展示会等活动。

自建成以来，中心承接的文艺演出活动、展览会与交易会不胜枚举，从民间的潮团联谊年会，到国家级的中国国际民间艺术节、国际食品博览会、全国商品交易会、全国美展等，是汕头市重要的文化、经济交流平台。

林百欣国际会议展览中心，是汕头市重要的文化、经济交流平台

| 文化龙湖 |

汕头图书馆

　　图书馆是知识传播和文化保存的重要公共文化机构，是人类智慧的宝库。我国藏书事业的发展最早可以追溯到商周时期的"藏室"。而后随着造纸术和印刷术的发明和推广，藏书之风兴盛，有官私藏书、宗教藏书、书院藏书等。近代革命兴起，封建社会的藏书机构逐渐向新型图书馆转变，汕头市图书馆就是在这一时期建立起来的。

　　民国初年，国民政府刚刚成立，非常重视教育，确立通俗图书馆作为社会教育的中心机构，以启发一般民众普通必知的知识为主，规定各省治、县治应设立面向大众的图书馆。1921年，汕头与澄海分治，在商业街尾一间狭小的民房楼下，建立"汕头市立通俗图书馆"。当时仅有3个书橱、2张大板桌和几张木条凳，只能接纳20位读者。1926年，迁址外马路基督教青年会内一座旧楼房（现邮电大楼后面）。"五四"运动后渐呈衰败之势，1928年改称汕头市立图书馆，汕头沦陷时曾一度停办。1944年，在福平路正始中学复办。抗战胜利后，与民众教育馆合并，迁址于外马路原日本小学旧址。1946年，更名为中正图书馆。此时图书馆的面积100多平方米，辟有报刊阅览室、儿童阅览室、藏书室，还开办民众夜校，提供书籍，免费授课，容纳失学妇女，进行扫盲教育。

　　汕头解放后，中正图书馆由市军管会接管，

汕頭林百欣寶珠圖書館

汕頭圖書館

创新 协调 绿色 开放 共享

汕头图书馆新馆由华侨林百欣先生与余宝珠女士夫妇捐建，故又称"汕头林百欣宝珠图书馆"

与文化馆合并，成为文化馆的图书部。1955年，市图书馆独立建制，以外马路原日本侵华所建神社作为馆址重建，翌年正式建成开放，馆藏量逐渐增加到15万册（件）。1965年，馆址迁至福平路原正始中学校舍，尚未开放便因"文化大革命"被封。多次的搬迁转移，市政府批准馆址迁回外马路，并重新规划筹建，于1981年建成开放。

1995年，汕头图书馆新馆在龙湖区长平路十一街区奠基，两年后完成主体建设工程。2002年，在香港潮籍知名企业家林百欣的大力支持下完成装修配套，于2006年落成开馆。新馆占地14.4亩，总建筑面积2.87万平方米，主楼共14层。至2015年底，馆藏文献达93万册（件），其中潮汕地方文献1万多种近2万多册，古籍线装书2万多册，11部古籍入选第一批"广东省珍贵古籍名录"，馆藏文献资源基本形成了以潮汕地方为特色的藏书体系。

汕头图书馆是国家一级图书馆，是保存人类文化遗产尤其是当地特色文献的重要机构。同时，其免费对外开放，并采用现代化管理模式，实现多功能、多载体、网络化、智能化，是一个供人们阅读、研究、活动、休闲于一体的文化活动场所。

汕头图书馆的馆藏文献达 93 万册（件）

龙湖区图书馆

龙湖区图书馆位于大北山路 1 号翰苑二楼，前身是 1984 年成立的汕头经济特区图书室，1991 年改称汕头经济特区图书馆，1992 年更名为龙湖区图书馆沿用至今。

龙湖区图书馆现总馆馆舍面积 1500 平方米，分设办公室、采编部、书报刊借阅综合大厅、广东流动图书馆龙湖分馆、共享工程支中心（电子阅览室）、辅导部、少儿阅览室、地方文献室、工具书库和自修室。

龙湖区图书馆从最初只有 6 个书架、20 个读者座位，发展至今已有自己的图书分馆，图书总藏量 24.88 万册，2013 年被文化部评为一级图书馆。作为全区文化服务网络的中心，龙湖区图书馆承担着对全区基层公共图书馆业务的规划、指导、协调等工作，旨在

龙湖区图书馆实行总分馆管理体系，是公益性的国家一级图书馆

采用现代化管理的龙湖区图书馆阅览室环境整洁清幽

为读者提供了一个多功能的学习平台，经常开展丰富多彩的读者文化活动，以适应社区人民群众日益提升的文化需求。

2017年6月，龙湖区图书馆开展图书馆总分馆制建设，位于长江路23号合胜百货五楼的龙湖图书馆合胜分馆，成为汕头首家入驻商业综合体的图书馆。该馆馆藏5000册图书，让市民在休闲娱乐之余，可以以书会友，徜徉书海，于轻松的氛围中培养阅读兴趣。

汕头购书中心

汕头购书中心位于长江路与天山南路交界处，集批发、零售各类图书、音像、电子出版物及文化、体育用品于一体，品类丰富，适应不同的消费需求，也满足了消费者一站式的购买体验。

购书中心在书店单一的购书的基础上，更注重营造一个宁静清幽的读书环境，在展示图书文化内涵的同时，也不忘关注读者的阅读体验。购书中心的书架设计充满人性化，除了放置图书，底部还加宽成为座位，方便读者就座阅读。在现代阅读模式日渐多元化的今天，购书中心从细节体现自身的品牌文化。

位于长江路与天山南路交界处的汕头购书中心

创意书吧弥补了传统书店的不足，24 小时开放经营，让读者的阅读时间更灵活

创意书吧

位于龙湖区长平东路 131 号的壹莺书巢是粤东首家周末 24 小时书店，它将读书购书与休闲结合在一起，成为年轻人雅聚的新型书吧。在周末的闲暇时光里，点一杯咖啡，与三两好友围坐，闲翻一本心仪的读物，怡然自得。壹莺书巢还不时以多元的文化话题举办分享会，促进交流，营造活跃的氛围。

此外，通过众筹而成立的汕头亲子约童书吧，则把有着共同阅读兴趣的亲子家庭聚集起来，通过举办亲子读书会等活动，让家长在陪伴孩子读书的过程中，可以互动探讨，资源共享。这些活动既拉近了家长与孩子之间的距离，更好地读懂孩子的内心，又让孩子从小感受书香氛围，接受阅读熏陶。

龙湖区文化馆

龙湖区的翰苑是龙湖区文化馆所在地。龙湖区文化馆成立于1992年，负责区域内群众宣传、科普教育，组织、辅导群众业余文艺活动，培训基层文艺骨干，搜集、整理民族民间遗产等任务，是龙湖区重要的文化传播基地，2004年被文化部评为国家一级文化馆。

文化馆馆舍面积4100平方米，分为四层，设有会堂、展览厅、舞蹈练功厅、艺术培训课室等文化活动场所。常年开办有中老年太极拳免费培训班、老年合唱团、"潮人筝语"古筝、潮乐潮曲、群众广场排舞、农民工子女艺术培训等项目，每周进行一次免费培训，丰富市民的文化生活。

翰苑展厅位于文化馆翰苑楼首层，这里经常举办书画摄影作品、陶瓷玉器等艺术品展览。不仅丰富市民的文化知识，也活跃了汕头文化艺术品市场，为潮汕与外界的文化交流牵线搭桥。翰苑会堂还可以承办中小型会议、文艺演出、艺术讲座等活动，爱乐市民音乐会、主题朗读会等均在此举办。

翰苑是龙湖区文化馆所在地

艺苑文化广场内的萧晖荣艺术馆

艺苑文化广场

艺苑文化广场、见贤五号、汕上空间、思云阁、述古堂等艺术展馆，是龙湖区内有名的书画古玩等艺术爱好者、收藏家和鉴赏家们进行艺术交流的重要平台。其中，艺苑文化广场在2012年被汕头市政府授予"优秀民办艺术馆"称号。

艺苑文化广场位于汕头市最繁华的商业街长平东路161号，是汕头黄金地段的地标性建筑物，由潮汕籍著名艺术家萧晖荣教授创办，于2010年落成。广场总用地面积约6000平方米，总建筑面积约13800平方米，共17层。一楼后庭花园里，各种雕塑作品装点其间。后庭中央是一座五十六个民族欢聚一堂的铜雕作品，人物刻画栩栩如生，神

情生动逼真。

艺苑文化广场设有中国雕塑院南方创作基地、岭东美术馆、岭东雕塑院、萧晖荣艺术馆等专门艺术机构，是汕头市首家颇具规模的创意产业园。艺苑文化广场的文化项目功能多种多样，有画廊、艺术品展厅、画家工作室、艺术品拍卖中心、艺术图书、创意空间、出版制作等。现已发展成为汕头对外文化宣传和接待的重要窗口，是为更好地弘扬岭东文化、搭建海峡两岸文化交流平台的中国文化产业发展基地之一。

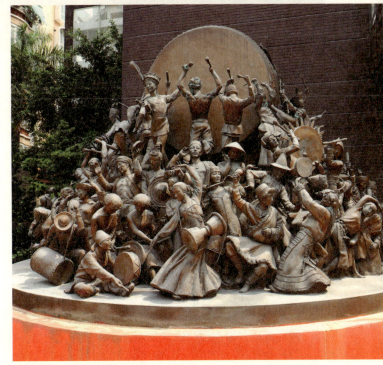

艺苑文化广场内拍卖和展览的名家作品

社区内的居民聚集一起演奏潮乐

阳光文化交流中心

阳光文化交流中心是阳光社区的一个综合性社区文化场所。

该文化交流中心通过建立公益性社区文化阅读室与展览室，呼吁爱心人士捐赠书籍，为社区业主营造了良好的阅读环境；又通过开设科普讲座、公益培训等项目，提升居民的文化与艺术素养；借助民间展馆、文化广场等平台，不定期举办各类书画、摄影与剪纸等展览，举行多种形式的文艺汇演与文化活动，增强区域的文化氛围。社区附近的退休人员，经常聚集一堂演奏潮乐，在管弦丝竹里其乐融融，同时又弘扬了潮汕传统文化。

阳光文化交流中心已成为龙湖区创建公共文化服务体系示范区的一个重要标本。

爱乐市民音乐会

爱乐市民音乐会自2012年5月"初试啼声",到如今共举办了20余场,是龙湖区本土优秀文化品牌。

爱乐市民音乐会的表演班底均由民间文艺界人士构成,汕头市爱乐合唱团是其核心团队。汕头市爱乐合唱团是创建于1999年的一个群众性文艺组织,曾多次在国际、国内的合唱比赛中获奖。在发展合唱团团队的基础上,音乐会更联合区内其他业余文艺团队,搭建了一个综合多元的群众才艺展示平台。来自汕头市曲艺家协会、汕头爱乐潮乐团等民间音乐机构的众多知名音乐家、演奏家,也曾多次登台献艺。此外,音乐会亦致力于构建粤港文化交流机制,每年都会邀请来自香港的合唱团队参与联合演出。爱乐市民音乐会采取定点赠票的形式,聚集音乐爱好者共享视听盛宴。

爱乐市民音乐会既丰富了群众精神生活,也是龙湖区为推广潮汕文化做出的良好示范。

爱乐合唱团大合唱表演

| 特色产业 |

金洲对联之乡

鸥汀交错纵横的街巷一如走笔曲直的笔触，勾勒出了金洲这个翰墨流光的书香部落。在金洲社区东门的池塘四周，十数棵树龄已达两三百年的古榕树在孩童的嬉闹声中葳蕤生长，繁茂成荫。同这些古老的历史标本一同延续的，还有传承百余年的对联文化。

金洲居委，原名渔洲李厝寨，是汕头远近闻名的对联之乡，一进社区，首先映入眼帘的，就是家家户户门口张贴的红底黑字的手写对联。对联，是一种民俗文化艺术形式，也被称为门符。对联具有时令性，岁暮时书写张贴的对联因蕴含了辞旧迎新、招财纳福的美好祈愿，而成了庆祝春节的一种固定仪式。每年临近年尾，不少金洲村民就开始卸下肩头农活，投入笔头功夫的创作。男女老少与纸墨笔砚相遇，就是一曲农家风味的文房乐章。

在金洲，销售春联成为很多村民创收的一项"副业"

墨需松香墨，纸是万年红。金洲居民对门符写作有着独特的要求

　　金洲对联声名在外，一方面是规模集聚效应的结果，墨香的熏陶，让很多村民都能信手挥毫，落笔生花；更重要的是，村民对书写用具近乎挑剔的讲究——墨需松香墨，纸是万年红。这里的松香墨指的是用松香、炭黑与酒精熬制的特殊墨水，为村民自创自制。制作时将三者进行适量混合、搅拌，然后放到炉灶上熬煮十几分钟，待松香溶解即可。熬煮后用布料淋浇过滤，就可以直接使用了。村中的书法爱好者每年要熬上一百多斤松香墨。松香墨与普通墨汁相比更为黏稠，书写时不走墨、不褪色，写出来的字富有立体感，

色泽既黑且亮，美观素雅。此外，写对联的用纸必须为万年红染制。这种专用红丹印制的纸张颜色明艳，防水防蛀，不易损坏褪色。用松香墨与万年红写就的对联，耐久性好，可抗风吹，可抵日晒，所以在老一辈人眼里，这种手写对联是"挡神煞"的一道屏障，可护佑家族兴旺繁盛。

写对联既是修身养性，也是一种营收方式。经过世代承袭更迭，金洲对联也融入了民俗文化产业化的浪潮，销售春联成为很多村民创收的一项"副业"。从挑选松香、熬墨汁的基础工作，到核心的作诗句、写对联，再到终端售卖，各个环节环环相扣，村民各司其职，形成了一条完备的产业链。春节之前，在潮汕各地、香港，甚至是东南亚的书店、市场，都可以感受到金洲对联浑厚笔触下的温暖祝福。

写对联不是横竖撇捺的机械复制，还需要厚重的文化素养。腹有诗书，气自芳华，诗书是个人气质的修饰。对于金洲村民而言，红底黑字的春联是家族文化气韵的传统底色，也是一种文化记忆的书写。翁叟的挥毫泼洒是点墨成金，孩童的稚拙笔触是生气流转，在金洲社区，用笔头担起文化传承的使命，是一百五十多年来，村民们用行动许下的承诺。

横竖撇捺之下，挥洒的是执笔者经年累月的沉淀与修养

出入平安

天賜年年平安福

門迎歲歲富貴春

红底黑字的门符，寄寓了金洲居民对家族兴旺安康的祝愿

万石中草药村

鸥汀街道的万石社区头衔众多，中草药村只是其中一个。地处岭南的万石村，气候温润，村中大大小小的河道沟渠蜿蜒交错，为开展种植业提供了得天独厚的自然条件。万石村是一个涉农社区，耕地面积约220亩，其中不少耕地用于中草药种植。菜畦田埂间，目之所及，都是清新怡人的氤氲草色。

万石村种植的中草药材林林总总，不一而足。"飞天蜈蚣"大战"过江龙"，"猫须草"窥伺"鱼腥草"，三更"灯笼草"、五更"活血丹"，还有雌雄双煞"金银花"，乍听之下，还以为这是一个风云莫测的卧虎藏龙之地。某种程度上，万石社区的确算得上是一个花繁叶茂的"草根"江湖。街边巷里随处可见的车前草，野田阡陌上可"信手拈来"的凤仙花，还有清热解毒的芸香，外敷内用兼备的三白草。一提到田间地头这些姹紫嫣红的身影，当地人如数家珍。

三白草、活血丹、飞天蜈蚣、芸香，种类繁多的中草药是万石村的绿色宝藏

生长茂盛的中草药与自然草木相接，
组成一幅和谐的生态拼图

　　中草药种植是万石村传统的特色产业，经过家家户户多年的经营拓展，已渐成规模。如今万石村已成为汕头市重要中草药种植基地，也被列为汕头市中医学校的观摩实习基地，村中不时会有医药专业的学生前来问询求教，村民们都会耐心地为学生释疑解惑。

　　由于气候变化不大，万石村的中草药种植受时令的影响较小，园中满溢的绿意常年在眼底跳跃，鲜少褪色。从年初到年关，前来村中收购中草药的商人络绎不绝。在市区金湖桥的草药批发市场，"万石中草药"销往汕头各地，万石社区"中草药村"的名声

随风摇曳的灯笼草点起"星星灯火"，让天作之物生出了几分人文的趣味

也随之远近闻名。万石村通过草药经营这一绿色生态产业实现了经济创收，解决了部分村民的就业问题。但随着青年劳动力的外流，村中坚持种植草药的多为老一辈居民。

万石观赏鱼

万石社区还有一个名满四方的称呼，叫"金鱼之乡"。每逢春夏、秋冬交接的时节，在万石村村口的干道旁，总有络绎不绝的身影出现在沿街的店铺前。他们多数是来自附近地区的养鱼爱好者和粤东各地的观赏鱼批发商，而这条由十几家观赏鱼店面一字排开的街道，就是汕头遐迩闻名的"观赏鱼一条街"。

观赏鱼是万石居委"一村一品"的特色产业。十几年前，在政府的引导下，万石村开始寻求观赏鱼联合经营的道路，议定在村中人流集中的区域开辟出一片专用空间，由居委会出资，沿街修建商铺，出租给销售观赏鱼的个体户经营，着意借助市场效应提升观赏鱼销售链产业化水平。"观赏鱼一条街"由此成为村中色彩斑斓的景观。万石村这

万石村销售的观赏鱼以热带鱼为主，品种达四五百种

条特色产业街并非新事物，其踪迹可追溯至晚晴时期村民的观赏鱼养殖史。百余年前，龙湖地区多海滨荒地，水稻产量低，半渔半农成为滨海沙田的耕作模式，在种植水稻之外，开展水产养殖，寻求多栖发展。而在万石村，经营观赏鱼成为寻常百姓寻求营收与谋生的重要手段。斗转星移，万石村逐渐成为汕头著名的"金鱼之乡"。到今天，村中仍有部分家庭世代养鱼。

历史的积淀加上多年的探索，为万石村的观赏鱼产业发展提供了坚实的后盾。万石观赏鱼产业如今培养了数十家养殖销售专业户，囊括了汕头地区九成以上的市场份额，独占观赏鱼市场的鳌头，并将触角伸向潮州、揭阳、梅州等地，甚至向全国各地延伸。粤东地区第一观赏鱼集贸地的称谓，万石村当之无愧。

万石村销售的观赏鱼以热带鱼为主，淡水鱼、海水鱼兼有，品类繁多，多达四五百种，其中锦鲤、鹦鹉鱼、红龙、金龙、虎皮、招财、进宝等是展柜中的常见身影。它们或"盛妆"或"淡抹"，无一例外的姿态翩然，然而身价却有天壤之分。价高者如红龙，售价通常在 1 万元以上，金龙也以 2000 多元较为多见；而颜色绚丽的鹦鹉鱼则只需几十元，往往能吸引更多的顾客询价购买。此外，还有许多诸如小丑鱼、清道夫、金鱼之类的经济型观赏鱼类，价格更为低廉。

万石村销售的观赏鱼多来自广州，而原产地主要是印尼、泰国、马来西亚等热带地区。万石村的观赏鱼产业还辐射带动了众多周边副业的发展。配套鱼缸、鱼食、药料、真假水草等的加工生产与销售配置都已形成成熟的产业链，能为顾客提供一条龙式的全套服务。

"披红挂彩"的观赏鱼在游弋中描绘出"金鱼之乡"的斑斓色彩

"糖果之村"蔡社

位于鸥汀街道东北侧的蔡社有一个颇有童话色彩的昵称,叫"糖果村",因村中主营糖果产业而得名。蔡社社区在新津河南岸形成聚落,与外砂镇隔水相望,四周毗邻陈厝寨、置家园等村社。元代末年,由浙江泗水县南迁而来的蔡氏第三代孙蔡凤台在此建村,故名蔡社。如今,社区居民仍以蔡氏为主。

蔡社糖果产业的发展可以追溯到改革开放初期。之前,蔡社村民世代躬耕于田野之上,务农营收是多数家庭的主要经济来源。据了解,20 世纪 70 年代初,村中仅有一家专门生产豆豉、饼干类产品的集体食品厂,因交通闭塞,物资流通受限,该厂的经营状况不算可观。然而,也正是这家发展受阻的食品厂开启了蔡社食品产业的风气之先。改革开放后,具有开阔视野与开拓精神的职工纷纷从这家食品厂辞职下海,陆续在村中开办小型食品加工厂,经营方向也从早期的饼干生产转型为糖果生产。在当地政府的引导扶持下,这些立足于单一个体的家庭作坊逐渐步入正轨,开始向产业化方向靠拢。几十年的摸索与积淀,规模化、规范化的组织生产方式,让蔡社糖果产业一步步走向繁荣兴旺,成为社区远近闻名的特色产业。如今,在这片面积不足一平方公里的土地上,已成立了约五十家糖果企业,其年均产值约占街道工业总产值的 20%,为解决社区内部的就业问题开辟了行之有效的渠道。目前,蔡社糖果产业生产的品类主要有硬糖、软糖、奶糖、压片糖等二百多个品种,销售市场遍及全国三十多个省区市,甚至在中国香港地区和俄罗斯、韩国、菲律宾等国家的食品柜台上,也能看到来自蔡社的商标图案。

为提升产业的集群效应,蔡社先后筹建了多个糖果工业区,吸引了十数家规模较大的糖果厂商进驻,在规模经营的基础上将"蔡社糖果"打造成了一个具有广泛市场影响力与认可度的知名品牌。作为揭开社区经济扩容大幕的当家花旦,"蔡社糖果"曾荣获农业部"全面质量管理奖"、广东省"乡镇企业质量管理优秀奖"等多个奖项,蔡社社区也因此被汕头市政府授予"糖果食品生产专业村"的称号。荣誉是"蔡社糖果"拓展市场领域的敲门砖,但真正支撑产业走向长远的,始终是它精益求精的生产技术与诚信治业的经营理念。

远销海内外的糖果是蔡社的支柱产业

富新兰园的兰花种植面积近 50 亩

富新兰园

清代诗人程樊咏兰："兰为王者香，芬馥清风里。从来岩穴姿，不竞繁华美。"兰花与"梅、竹、菊"合称"四君子"，被看做是高洁典雅的象征。其质朴文静、幽芳淡雅的气质，历来为文人墨客所喜爱，以"兰章"喻诗文之美，以"兰交"喻友谊之真，也有借兰花表达忠贞不移爱情的。

作为汕头市的市花，这里的人们对兰花有着特殊的感情。汕头的兰花栽培品种繁多，在东南亚地区亦负有盛名，举办过多届"兰博会"，弘扬中国兰花文化。龙湖外砂的富新兰园就是这样一个"以兰会友"的地方。这里遍种名贵兰花，极具观赏价值，还将兰花入菜，开发出颇有创意的"兰花宴"，令不少食客闻香而至。

富新兰园是外砂青年农民沈建锋于 2012 年联合周边十多位爱兰、懂兰的兰花爱好者共同成立的兰花种养基地。富新兰园的兰花种植采用国内领先的全自动控温、控湿、无土栽培、全自动杀菌施肥等技术，培植兰花的温室采用有机玻璃，在温室的一侧墙壁

富新兰园内种植的兰花

上安装湿帘，另一侧则安装数台大型风机。遇到干燥、闷热天气时，运转风机就可以给温室控温、加湿、通风，给兰花营造适宜的小环境。现今富新兰园的兰花种植面积已达到近五十亩，培育了春兰、建兰、墨兰、莲瓣兰等传统名品及新名品六百多个品种，规模达四万多盆。

"手培兰蕊两三栽，日暖风和次第开。坐久不知香在室，推窗时有蝶飞来。"兰花幽香，清而不浊，花色淡雅，姿态优美，这也是兰花备受青睐的原因之一。兰花枝叶终年鲜绿，刚柔兼备，即使不是花期，也具有观赏价值。富新兰园将餐厅设在兰花的环绕之中，品着美食又能欣赏到兰花的芳姿，更有满室的郁郁清香，沁人心脾，怎能不令人心旷神怡。

近年来，富新兰园通过多种形式向周边农民传授兰花种植技术，带动当地农户种植兰花，并共同经营，以期打造一个更大的兰花种植专业村，并以兰花种养为基地，建设休闲农庄，发展农业观光产业。

五香溪狮头鹅

如果你是首次到外砂五香溪村，你一定会被眼前的景象所震撼：一溪之隔的对岸是望不到头的巨大养殖场，成千上万的狮头鹅或戏水，或觅食，或曲项向天歌，浑厚的鹅叫声不断地撞击着你的耳膜，场面可谓十分壮观。

狮头鹅是世界上的巨型鹅种之一，原产地为饶平浮滨镇。其头大眼小，头部顶端和两侧有较大的黑肉瘤，且肉瘤可随年龄增长而增大，形似狮头。此外，狮头鹅因生长迅速，体质强健，肉质优良，是目前我国培育出的最大优良品种鹅，在汕头地区广为饲养。狮头鹅是制作潮汕名菜卤水鹅的最佳原材料。其体型巨大，每个部位都能独立为主菜。脱骨鹅掌、豉汁鹅肠、卤水粉肝、卤水老鹅头都是潮汕打冷中的经典菜式。潮汕独有的卤水鹅俨然已成为潮汕文化中的一种饮食符号。

潮汕人喜鹅，对鹅有一种特殊情结。在潮汕的古婚俗中，有所谓"奠雁礼"，即聘礼中有一对鹅，用以代雁，意取雁飞行整齐有序，往来不失其节，一旦结为配偶，终身不改，是一种贞禽。如今婚俗中虽然不再行"奠雁礼"，但在迎神赛会、祭祀敬祖中，鹅却充当重要角色。卤水鹅更是潮汕餐桌上不可缺少的一道菜，鹅头是潮汕人认为最美味的部位，一般都会留着孝敬家里的老人。

潮汕人对鹅情有独钟，饮食业对鹅的需求量非常大。由于逐渐缺少条件，农民已普遍不再养鹅，而改为专业化饲养，如外砂五香溪就是养殖狮头鹅的专业村。五香溪村位于韩江支流外砂河下游，近出海口，遍布天然荒沟荒堀，得天独厚的条件极适合饲养家禽，素有"百禽之乡"美誉。村民因地制宜，利用良好的自然条件和传统优势，发展禽畜饲养业，至今已有近百年历史。五香溪每年向外输出的狮头鹅数量达数十万只。

五香溪狮头鹅养殖场

绍河珍珠科技园

中国是世界上的珍珠养殖古国，早在《尚书·禹贡》中便有"淮夷宾珠"的记载。明代宋应星《天工开物·珠玉》："凡珍珠必产蚌腹……经年最久，乃为至宝。"珍珠自古以来被视为富贵的象征，被赋予了吉祥的寓意。

随着珍珠养殖技术的成熟，如今，珍珠早已走进平常百姓家。但淡水珍珠的养殖周期长、成珠形状不理想，使得珍珠养殖业的经济效益低下。位于龙湖区新溪镇的绍河珍珠科技园，集珍珠养殖科研、加工销售、科普观光于一体，从20世纪80年代开始，一直致力于珍珠养殖技术的研究和推广，其团队自主研发的"淡水有核珍珠"和"附壳造型珍珠"为国际首创，已达到"国际先进"和"国际领先"的技术水平。广东海洋大学珍珠研究所所长谢绍河经过三代技术研发，用大珠母贝培育"南海大珍珠"，育成的珍珠个大色润，珠层厚足，为我国的淡水珍珠产业作出重要贡献。

绍河珍珠科技园现主要由世界贝类馆、珍珠产品展示厅、珍珠研究所、珍珠食品加工室、珍珠化妆品加工室等景点组成，游客可通过亲身体验采珠过程，再由工作人员协助现场加工成各种珍珠饰品。不仅能全方位了解珍珠的形成过程及珍珠系列产品的生产过程，还能买到货真价实的绍河珍珠产品。

绍河珍珠科技园以"国际先进"和"国际领先"的技术培育淡水珍珠，开创了淡水珍珠的新纪元

外砂潮织毛衫小镇

外砂具有"中华毛衫名镇"的称号。毛织服装远销中东、欧洲、南美等三十多个国家和地区,被誉为"东方霓裳城"。20世纪80年代初,外砂的毛织服装产业群就粗具雏形。到90年代中期,当地人开创了新的织造工艺,把潮汕传统的"勾花""钉珠""刺绣"等糅合到毛衫的设计和织造技术中,使毛衣从款式单调功能单一变成时尚与保暖兼具的衣物。

经过多年的发展,龙湖区潮织商会成立,外砂毛织批发市场建成,外砂逐渐形成了新型的"潮织产业带"。在潮织商会的推动下,通过资源共享,借助电商与实体经营的新模式,形成产、销、研一体化的现代化集群经济,充分提高外砂羊毛衫的竞争力。近年来,在政府政策的扶持下,外砂镇羊毛衫产业已发展成为汕头市潮式工艺毛织服装产业集群升级示范区,独具特色的毛织服装以工艺精细、款式多样赢得了海内外消费者的青睐。与此同时,引入侨资,更带动家乡羊毛衫产业走向世界各地,为外砂潮织开拓更广阔的市场。

外商选购潮织毛衫

| 百园竞萃 |

在龙湖区车水马龙的繁华街道中，点缀其间的各式主题公园，像这座城市的绿肺，让人们可以在清幽舒适的环境中放松身心。截至 2015 年，龙湖区全区绿地率 30.49%，人均公园面积 10.74 平方米，建成区绿地面积 1652 公顷，绿化覆盖率 31.67%。百园竞萃，让龙湖区这座活力新城又多了一份恬然闲适。

濒临汕头港内海湾北岸，以华侨公园为起点往东，星湖公园、儿童公园、海湾湿地生态公园呈"一"字排开。

华侨公园总面积 17.8 公顷，是为 1997 年第九届国际潮团联谊年会而建立的主题公园。华侨公园以纪念华侨、宣传潮汕传统文化和海滨景观为主要特点，全园划分为三个功能区：纪念区、观赏区、游览区。曲折的园道将各个景点串联起来。

景点"鸿雁来宾"以纪念亭为标志，纪念亭的正面，立有华侨代表人物之一庄世平先生的塑像，并有石刻介绍其一生为潮汕地区所作出的贡献。"侨林风韵"是海内外潮团馈赠所在各国和地区特色花木的纪念花园。荟萃了近千株特色花木，于侨苑中形成一个五彩缤纷的花木世界。"川流不息" 由三条叠水瀑布与月池喷泉构成一个"山"字，构图与流水共同组成"汕"字，寓意深远。

华侨公园是一个集纪念、观赏、休闲、游乐功能于一体的综合性公园，在闹市边隅为市民和游客提供一份难得的清幽怡然。

位于华侨公园东北侧的是星湖公园。这是一座开放式带状公园，北起金砂东路，横贯长平东路、韩江路，南至中山东路，蜿蜒 2.75 公里，面积 20 公顷。

1999 年，汕头市政府整改三脚关沟旧地，因地制宜，规划了星湖公园，并设置了星湖绿道。公园里有七个小湖分流雨水，碧波粼粼，犹如七块碧玉镶嵌在飘带之上。园中亭廊错落有致地点缀其间，是游园时休憩纳凉的好去处。花架、花坛繁花似锦，为园中景观增添了亮丽的色彩。绕湖而建的岛式绿地，树木葱郁，嫩草如茵。卧桥如虹，飞跨湖面，风起波漾，翠柳轻扬。漫步其中，空气清新，像闹市中的氧吧，让人身心放松。

在公园里休闲的居民，或健身，或散步，或慢跑，或骑行。行人步道和自行车道由绿化带隔开，保证了行人的安全。道上绿树成荫，为行人遮阳避雨。老人们或三五成群聚坐闲聊，或祖孙相携共享天伦。收音机里潮剧悠扬顿挫的曲调，让这和谐的画面更显悠然惬意。

从星湖公园最南端出来便是中山东路，中山东路和泰山路交界处的中泰立交北侧，便是汕头儿童公园。这是汕头首个以儿童文体、科普活动为主题的专类公园，占地11.47公顷，分为东园和西园两个片区，有蘑菇城堡、趣味廊架、特色迷宫等景点。整个公园以缤纷的色彩为基调，以充满童趣的建筑造型搭建园中设施，从视觉感观上就很好地吸引了儿童的注意力。再通过家长加以引导，能让孩子们在趣味玩乐中获得知识，增强色调辨识和形状认知的能力。

天气晴朗的周末，放慢匆忙的脚步，与孩子一起在茵茵绿地上放风筝，走在干净整洁的园道上信步穿梭游园，一家人共享天伦之乐，不失为一个放松身心、亲近自然、融洽亲情的好选择。

华侨公园航拍图。华侨公园是为纪念1997年第九届国际潮团联谊年会在汕头举办而建

庄世平先生

著名侨领庄世平先生塑像

儿童公园东面、南靠中山东路的是海湾湿地生态公园。海湾湿地生态公园位处汕头市区东南一隅，于海湾大桥高速公路出入口西侧。

湿地公园总面积 13 公顷，在保留原来低洼水塘和原生水草植物的基础上，利用天然湿地资源，规划为游览、观赏、体验、展示、保育等多个区域。园内水塘互相贯通，保持水源活性流动。人造浅滩供迁徙而来鸟类休憩觅食，园内植物以自然形态生长，没有多加修剪，以此吸引鸟类安巢，保持着最原始的生态野趣。不同种类、功能的花草树木，参差错落，混搭有致，繁花似锦，荷叶田田，不论四季变换，依然生机盎然。

海湾湿地生态公园已经成为家长带领孩子寓教于乐的自然生态园区，观鸟赏鱼，融入自然，体验与野生动物和谐共处之乐。

毗邻海湾湿地生态公园的是龙湖区目前唯一的国家 AAAA 级旅游景区——汕头蓝水星主题公园，它是目前粤东地区最大的高科技主题公园。公园位于中山东路尾端，紧靠海湾大桥北岸，占地 24 万平方米。从深汕高速公路驶过海湾大桥，园内巨型的白色海

星湖公园北起金砂东路，横贯长平东路、韩江路，南至中山东路，是一个绿道式带状公园

螺建筑是蓝水星公园醒目的标志。2010年，蓝水星公园正式开放。公园以科幻为题材，将高科技文化和创意游乐元素融于一体，提升观赏性和体验感，为游客营造一个寓教于乐的游玩环境。

鸟瞰整个公园，园区呈五边形轮廓，色彩缤纷、风格奇特的建筑，让公园充满神秘感和异域风情。蓝水星主题公园是汕头市的标志性景观之一，全园有九大主题区共十二个体验区近百个游乐项目，突出求知、学习、探索等主题，并让游客参与其中，亲身体验。公园于2015年荣膺"全国科普教育基地"的称号。

绕着汕头港内海湾沿岸而建的诸多公园，形成了一条以休闲游乐为主的公园景观线，而位于龙湖中心城区的汕汾路与嵩山北路交界处，崇文公园则是一座"社会主义核心价

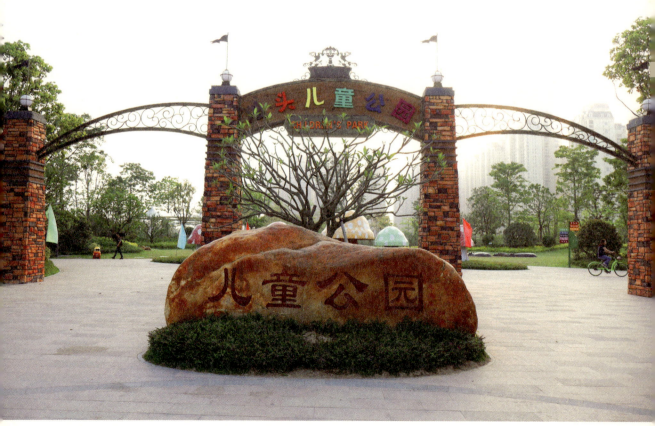

儿童公园西园正门

海湾湿地生态公园利用天然湿地资源，将观光、休闲、科教、生态保护示范融为一体

值观主题公园"。

公园外数米高的巨石上，"崇文公园"四字隽秀疏朗，挥洒自如，是由广东省委原书记吴南生先生所题。

公园中央竖立着的类似中国结的台架，展示着社会主义核心价值观的标语。花草遍植、树木葱茏的园区中，从全国征集的书法作品用于公园中多处石刻，字体不一，富有变化，点缀在花圃草坪之间，相映成趣，成为崇文公园的一大亮点。

公园内的小广场上两面宣传世界级非物质文化遗产的石墙，组成文化宣传观景长廊。宣传内容分为中国篇和国外篇，将璀璨的人类非物质文化遗产文明用简明美观的方式展示出来，丰富了市民的文化知识，又提升了整座公园的文化气息。

与崇文公园一样在"创建文明城市"契机之下建成的，还有新溪镇的西南文明公园。新溪镇西南村位于新津河出海口东侧的三角地带，与汕头中心城区隔河相望。西南文明公园坐落于西南村坝尾，北靠金鸿公路，西望金叶岛，南靠东海岸新城，占地面积17000多平方米。

公园原是西南村一片被部分村民占用搭建养殖窝棚和堆放杂物的闲置荒地。

蓝水星主题公园是国家 AAAA 级旅游景区，2015 年荣膺"全国科普教育基地"的称号（图片由龙湖区委宣传部提供）

为活跃乡村文体生活，建设和谐农村新风，西南村以自筹资金为主，因地制宜，将荒地整合建设成了如今的西南文明公园。这是龙湖区"一河两岸"生态宜居生活圈的重点规划试验区的成功示范。

公园环境清幽，设有喷泉、文化观赏长廊等，是一个集休闲、娱乐、健身于一体的开放式社区活动场所。正门通过不同色系的景观花木搭配设计，拼成"和谐西南"四个大字的特色花圃，成为西南文明公园的亮点。

崇文公园里的世界非物质文化遗产宣传墙

西南文明公园航拍图（图片由龙湖区委宣传部提供）

美食之路

对于"吃"这个生活中最大的话题，汕头人有自己的解读方式，汕头美食以温和的鲜香滑嫩成为本地人舌尖上永恒的记忆，这种记忆在汕头的大街小巷俯拾皆是。过去零散的食肆排档，现在以新的面貌汇聚成了一条条风味美食街，解锁了人们品味当下的新形式。

初来汕头，品尝潮汕传统美食是必不可少的。在凤凰山路美食街，有不少店家以推广与传承潮菜为经营宗旨。创立于1994年的建业酒家是汕头的传统老字号饭店，因菜品多样，味道正宗，不仅备受当地食客推崇，还一度受到"香港四大才子"之一、著名美食家蔡澜的青睐。建业酒家坚持发展创新潮菜餐饮，并兼顾美食加工、烹饪培训、餐饮文化研究等多项事业，将技术层面的生产服务与精神层面的饮食文化融为一体，成为

夜幕初降，金鸿公路海鲜美食街前人影攒动

闻名遐迩的潮式餐饮文化基地。除此之外，外表装修豪华典雅的大南香海鲜城，也是潮汕美食的集大成者，生猛海鲜、潮式打冷、传统潮菜应有尽有。来此大快朵颐，也是不少汕头市民的一大赏心乐事。

不同于其他美食街的各有所长，珠江路美食街以荟萃中华名菜饮誉城内外。东北菜、鲁菜、湘菜、川菜、客家菜、潮菜、西餐等等，菜系纷繁，南米北面，中西兼容，无所不有。来到这里，就像走进了中国美食的大观园。

对美食的兼容并蓄，是珠江路美食街的最大特色，不仅本地人常来此"猎奇"，满足口腹之欲，外地居民也喜欢来这里回味乡思。每天送走日落、迎来晚霞的时候，络绎不绝的食客从城市的各个角落款款而来，在海鲜、牛羊肉、烤鱼等南北风味店面前，摩拳擦掌，准备领取"食经"。从正宗的巴蜀风情，到不拘传统的江湖菜，从馥郁脆香的碳烤羊腿，到性平味甘的鹅肉饭，鳞次栉比的各色餐馆，或时尚或质朴，俨然串联成了食客们绝佳的吃喝胜地。每到用餐的黄金时段，这些食肆店面前都会出现一派宾客如云、门庭若市的盛况。还有凉风习习的夏日傍晚，在宾朋满座的茶座中，

珠江路美食街汇集了全国各地的特色美食

189

总少不了人们品茗饮茶的身影，或笑谈古今，或沉迷夜色，怡然自得。

除了中心城区的美食街，龙湖区的美食之路还可一路延伸到城郊。从高档的食府餐厅，到更加大众化的大排档，再到贴近自然的原生态田园家常菜，龙湖区的美食之路也一路变换着风景。

金鸿公路是龙湖区与澄海区之间往来要道，最早开启金鸿公路餐饮模式的，是几家海鲜排档，为汕头往来澄海、饶平等地的过客提供小炒。人气高涨后，越来越多的美食店面来到这里"开疆拓土"。现在，美食街网罗了龙湖区最具人气的食肆店面，从牛肉火锅店到海鲜店，林林总总数十家沿街排开，一路从铁路桥延伸到新溪路口。

汕头虽地处南方，但汕头市民对于火锅里翻腾的热闹却同样热衷，其中最受青睐的，就是牛肉火锅。除市区的老牌店之外，在汕头，风头最盛的，当属金鸿公路比邻分布的牛肉火锅店。除肥嫩的牛肉外，牛筋、牛腩、牛百叶、牛舌，还有弹牙的牛肉丸，都是餐桌上的"明星"，每每供不应求。

在金鸿公路旁的露天排档，常年都能吃到味鲜色美的小海鲜，当地海湾里捕捞的渔获运到这里，不出一会儿工夫，就成了这些小店餐桌上的招牌美味。糯软的墨斗卵粿，咸香的红烧大虾，鲜甜的白灼小花螺，酸辣的腌制小膏蟹，还有名噪一时的油焖皮皮虾，不一而足，都深受食客喜爱。

从城郊再到镇上，又是另一番美食体验。"茅檐低小，溪上青青草"的景致，"溪头卧剥莲蓬"的童趣，白发翁媪渔舟唱晚的闲适，是很多人对于田园生活的联想。都市人对绿色休闲方式的追求与乡村的城镇化浪潮合流，将淳朴的田园风光嵌入了越来越多人的生活之中。

以龙湖区新溪镇为圆心、五公里为半径的范围内，囊括了汕头外砂机场、汕头火车站、汕头深水港等重要交通枢纽，交通便捷，往来通畅。随着汕头百村规划整治行动的推进，新溪镇的人居环境得到全面提升，塑造效益乡村、打造美丽乡村示范区、建设特色小镇成为新溪镇发展的主导方向。农家乐作为生态旅游产业中的重要一环，因其绿色、经济的消费方式，正日益受到市政部门与广大市民群体的关注。

自远方来的都市客卸下一身繁杂，来到绿水人家，更多的是寻求纯天然、有机、生态的饮食。而在"吃"这一字上，农家人有着化天然为神奇的天赋。自家饲养的土鸡、狮头鹅，新鲜出水的鱼虾海鲜，现摘的蔬果……炉火翻飞，这些食材在新溪镇农家乐变成餐桌上鲜香欲滴的农家风味灶头菜，引人垂涎不已。如果赶上了时节，还能在桃杏满园的花海中，或是临溪而建的小木屋里，品茗叙家常，细数光阴的故事。

　　茶余饭后，可在农家配置的乒乓球室、桌球室、卡拉OK室等休闲娱乐场所放松身心。若流连野趣的农家风光，也可邀上三五好友，或池塘垂钓，或蹚水划船，或林间嬉戏，或凉棚烧烤。如果你是一个推崇体验精神的游客，还可以涉足菜畦田野间，一边与老农人学做农活、采摘蔬果，一边听他娓娓道来村庄的前世今生，切身感受"采菊东篱下"的悠然意境，亦不失为一桩赏心乐事。在清净绿野之中，褪去一身杂念，看树影婆娑，听风吹声动，浅吟徐行，细品自然的低语，心底油然而生的，是"一蓑烟雨任平生"的坦然舒畅。

看鱼戏涟漪，听风吹草低，来到绿水
人家，就是一场身与心的修行

卜蜂莲花购物中心，前身为万客隆购物广场，这个拥有二十年历史的老牌超市，依然备受汕头市民青睐

| 购物商圈 |

在素有"百载商埠"之称的汕头，龙湖区一直处于经济发展的前沿。随着商业地产变革与居民消费能力的逐步升级，"商业综合体""购物中心"和"一站式消费体验"的概念开始在汕头崭露头角，功能复合的"商圈"作为地区发展的重要着力点，也开始在龙湖的经济版图上蔚起。"购物"与"休闲"这两驾拉动居民生活品质持续走高的马车，也在驱动当地经济发展不断开创新的高地。

20世纪末，汕头的商业市场在经历了八九十年代的黄金发展期后开始陷入进退失据的两难境地，很多商场甚至一度关张停业。1997年11月，位于龙湖的正大万客隆购物广场宣布开业，外来资本的进入在一定程度上为汕头飘摇的商业市场注入了强心剂。

万客隆购物广场即今天的卜蜂莲花购物中心的前身，是泰国华侨谢易初创办的正大集团下属的大型购物中心。20世纪90年代初入中国市场时，正大集团曾与北方的万客隆超市达成合作关系，故名为正大万客隆，后独立经营。之后改名易初莲花，这个名称在中国使用三年后，更名为今天的卜蜂莲花。伫立于长平路与嵩山路交界地段的那一抹醒目的鲜红，是卜蜂莲花保留在汕头人记忆中的一张鲜明书签。

长平东路曾被称为粤东商业第一街，城市发展重心的东移，让这一带的商业氛围日渐浓厚，而新城市广场的落成，更为这里增添了几分生机活力。2007年，新城市广场开张营业时，大型商业购物广场在汕头市尚属凤毛麟角。新城市广场是由汕头市荣誉市民、旅港著名潮籍实业家刘百川先生牵头打造的大型综合性购物中心。在规划之初，新城市广场即致力于打造粤东首个"互动式时尚生活港"，是汕头首个引入体验式消费模式的购物平台。广场以丰富品类、优质商户为市民提供吃、喝、玩、购的一站式服务，其中，盛行于潮汕地区的工夫茶楼更是新城市广场的一大经营特色，潮汕工夫茶文化节活动曾多次在新城市广场举行。

龙湖地区如今方兴未艾的商圈模式，发轫于曾经繁极一时的南国商城。2003年，南国商城开业，轰动全城，以南国商城为中心的商贸服务区宣告形成，一种新的

商贸形式——城市商业综合体模式开始在龙湖地区孕育出雏形。而最早亮相汕头的真正意义上的商业综合体项目，是 2013 年 5 月开业运营的星湖商业城。星湖商业城位于金砂东路和黄山路交接处北侧，包括大型超市、四层综合商业文化中心、两幢高层公寓式住宅和地下公共停车场，集文娱、餐饮、居住、商业办公等复合业态于一体。

长平新一城是位于龙湖区长江路与天山路交界处西北角的另一座大型商业综合体，于 2015 年 4 月全面营业。新一城项目拥有 1 幢 5 层商业休闲中心、1 幢办公楼、2 幢 15 层商住公寓以及 2 层地下室。合胜百货作为长平新一城的重要构成部分，是覆盖购物、休闲、社交、娱乐的多维度生活聚落。

2015 年 9 月，苏宁广场的落成，真正意义上将"购物中心"的经营模式植入了汕头

长平新一城是集购物、娱乐、社交、商务办公等于一体的大型商业综合体

2015 年落成的苏宁广场，是"购物中心"模式在汕头商圈孵化的最早产物

的商业生态圈。位居长平路商圈核心位置的苏宁广场，是苏宁在华南地区打造的首个自建商业综合体。作为广东省重点项目，汕头苏宁广场耗资近 15 亿元，建筑面积近 6 万平方米，引入粤东首家苏宁易购云店，利用互联网构建用户交互社区，建立线上线下无缝连接的经营模式。苏宁广场精准把脉年轻化、时尚化、互动式的消费趋向，在七层楼高的娱乐休闲聚落内，布局了涵盖生活方方面面的一体化智能体验空间，并积极引进国际、国内高端消费品牌，以丰富的业态满足了城市生活人群多样化的消费需求，提升了城市商贸的整体品质与现代化水平。

长江后浪推前浪，长平路商圈发展变化日新月异。现在，在苏宁广场对面的南国商城旧址上，华润幸福里城市综合体正在建设崛起。不久，这里将是更为繁华热闹的商贸服务中心区。

| 龙湖畅想 |

龙湖是汕头的核心城区，是汕头经济特区的发祥地。自1981年确立经济特区以后，龙湖的工业区规模增大，基础建设日趋完善，国民经济快速增长，领跑汕头经济发展。近年来，先后荣获"全国科技进步考核先进区""全国义务教育发展基本均衡区""全国文化先进区""全国民政工作先进单位"等称号，同时还是"国家火炬计划光机电、输配电设备特色产业基地"。2016年，龙湖区实现地区生产总值310亿元，增长9.1%，超额完成市政府下达增长8.9%的目标，综合实力再上新台阶，实现"十三五"规划良好开局。

2017年3月，国务院将汕头定位为经济特区、海上丝绸之路重要门户、粤东中心城市。龙湖区作为中心城区，将紧密对接全市发展定位和发展思路，力争到2020年全面建成发展质量好、共享水平高的小康社会，率先实现振兴发展、跨越发展。

产业发展与创新

龙湖区的产业基础好。2017年，三大产业比例为1.5：37.8：60.7。拥有国家级输配电设备产业基地，超百亿元产业集群达三个（医药健康、装备制造、输配电设备）。高新技术企业总数73家，占全市总数22.5%，先进制造业和高新技术制造业增加值占规模以上工业比重分别达到36%、16.7%，列全市第一。全区规模以上企业238家，限额以上贸易企业415家，这两种类型的企业总数位居全市第一，上市企业16家，其中主板上市8家。

龙湖区选取同为经济特区发祥地的厦门湖里区为对象，向其学习先进经验，坚持目标导向和问题导向，扎实补短板、促发展，增创经济特区优势。主动对接华侨试验区、国家高新区、临港经济区"三大平台"建设，加快建设华侨试验区产业基地和省级产业转移园。推进龙湖工业园现有四个片区全面提升，与南方报业集团合作引进文创产业盘活1.6平方公里龙湖工业区老旧厂房，加快粤东物流新城开发和项目建设。加快龙湖东部产业园建设，重点发展高新技术产业、战略性新兴产业、绿色环保产业。推动产业转型升级加快发展，大力发展壮大现代服务业，加快打造电子信息等产值超百亿元产业集

1985 年的汕头经济特区的迎宾广场

2011 年的汕头经济特区迎宾广场

龙湖工业区开发前原貌（1982 年 3 月，摄影：王瑞忠）

群。推进雅士利总部·天澜国际、联泰新城中心、超声研究所总部等总部建设，以创新驱动破解发展瓶颈，加快打造创新驱动产业中心和双创产业基地。加强与厦门大学、广东以色列理工学院等开展深度产学研合作。力争到 2020 年超百亿元产业集群达 5 个以上，上市企业"龙湖板块"增至 30 家以上，高新技术企业达到 300 家，高新技术及先进制造业增加值占规模以上工业比重 40% 以上，研究与试验发展支出（R&D）占地区生产总值比重达 3% 以上。在科学技术和信息化发展方面，力争自主创新能力和竞争力达到珠三角地区平均水平，成为粤东地区重要的创新中心和成果转化基地。

交通枢纽建设

龙湖是汕头乃至粤东的交通枢纽，近年来交通建设稳步推进，逐渐突破瓶颈。汕揭高速公路建成通车实现与沈海高速互联互通，"两个 100%"提前完成厦深高铁联络线征拆交地任务，泰山路北延和跨梅溪河大桥建设顺利推进，完成中山路东延、金凤路桥黄河路拆迁改造、国道 G324 线外砂段改造等道路建设，东海岸新城滨海大道和跨新津河、

龙湖工业区（2011 年）

龙湖区区划图

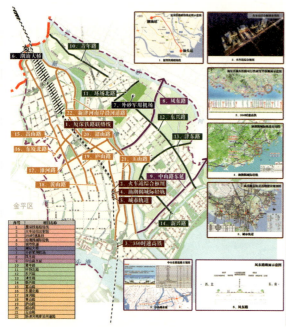

龙湖区重大交通设施布局图

外砂河大桥建成，启动韶山路、沿河路等一批主次干道延伸。

为推进交通设施建设，提升路网通联水平，将配合做好厦深高铁联络线、汕头火车站综合客运枢纽、城市轻轨建设及350时速沿海高铁东广场建设，抓住契机推动汕头火车站周边土地综合运营开发，加强周边设施配套和功能完善，全力打造集交通、商贸、商务、旅游等功能为一体的高铁交通枢纽经济圈。加快建设潮汕大桥、凤东路等对外主干道，泰山路北延工程2017年年底可望全线建成贯通。加快打通韶山路、嵩山路、黄山路、东厦北路等内部通道，全力推进新津河南岸沿河道路建设，实现市区断头路庐山路的拆迁贯通；规划建设龙东产业园周边青年路、环场北路、东兴路、新兴路、津东路5条道路；投资1.9亿元完成12个小区道路和17条城市支路维修改造；2017年9月底完成全区398条市政道路沥青路面改造，加速城市更新发展。

创建文明城市

"创建文明城市、强化城市管理"以提升城市品位，助力龙湖全面振兴发展，这是龙湖也是汕头城市建设的目标。2016年，为响应汕头争当全国文明城市的号召，龙湖在这场冲刺中跑在了最前面，高标准、高品质、高要求推进创建文明城市大覆盖、大管理、大建设、大联盟、大提升。实行城市环境、交通秩序、生态环境、投资环境、乡村环境、社会氛围、文明素质、文化环境和志愿服务的"九大提升行动"，优化人居环境引领文明建设。

以"创文强管"作为各项工作的总抓手，全力以赴深化创建。推行"24小时巡查监管＋半小时快速处置"管理模式，实现城市管理常态化、精细化，加强环卫作业市场化管理，全面提高环卫保洁水平。以陈厝合"城中村"整治为样板，计划投资3亿元强力推进道路综合整治、给水消防设施升级改造、弱电管网升级改造、治安防空设施建设等六大工程，探索形成"城中村"治理长效机制。推进农村人居环境综合整治。以外砂、新溪两镇和鸥汀片区为重点，启动"四创一整治"行动，计划投入12亿元，启动蚕家园等12个示范村居建设，发挥示范样板作用，带动其他村加快推进人居环境整治。大力推进创建"无违建村（社区）"，力争完成全面"三清三拆"工作。

龙湖区成功创建第一批广东省公共文化服务体系示范区，成为粤东西北地区唯一的省级公共文化服务体系示范区。外砂镇成功入选广东省首批特色小镇创建工作示范点，外砂"潮织毛衫小镇"、新溪"杜仲小镇"力创国家级特色小镇。发挥创建文明城市大联盟200多个成员单位的优势深入推进城市"亮化、绿化、净化、美化"工程和志愿服务行动，实现"创文强管"全覆盖。

整洁有序的金砂东路（图片由龙湖区委宣传部提供）

东拓北优，扩容提质

近年来，伴随着交通基础设施的建设，龙湖区进一步推动"东拓北优"，拉大城区框架，全力塑造好"两个平台""两条发展轴线"及"三大产业基地"。通过扩大区域空间，提升城市品质，促进地区可持续、协调发展，推进城市扩容提质，实现城市建设发展的华丽蝶变，打造汕头湾区核心区和粤东商业商贸中心。

"两个平台"，即以"11街区——珠港新城——东海岸新城"为核心的华侨试验区龙湖轴线平台和以整合"厦深联络线、沿海高铁、云轨、城际轨道、快速路网"等要素

位于11街区的苏宁广场大型商业综合体

的高铁客运站综合枢纽平台。"两条发展轴线",即"内海湾至外海湾(东海岸段)"沿线形成的滨海都市型发展轴线和新津河一河两岸形成的生态型发展轴线。"三大产业基地",即龙湖北部工业组团、龙湖中部高铁产业园、龙湖东部新兴产业园。

龙湖区内 11 街区已有华润万象城、苏宁广场、百脑汇数码广场、华银商业综合体等各大商业综合体入驻,有喜来登等三家五星级酒店、国际会展中心、汕头图书馆、三个市民广场等集聚,新城市 CBD 已芳容渐现。与此同时,长平新一城、星湖商业城等一批城市综合体项目集聚效应也日渐凸显,成为市民和周边游客休闲度假、消费购物的热门场所。

龙湖区还大力发展总部经济和楼宇经济,推进雅士利总部·天澜国际、联泰新城中心、超声研究所总部等总部建设。推进园区扩能增效,构建现代工业园区。加快建设 1.2 万亩的龙湖东部产业园,重点发展高新技术产业、战略性新兴产业、绿色环保产业。粤东物流新城项目年底前启动一期北片区土地一级开发。珠津工业园区定位"龙湖总部经济产业园",加快南扩步伐,引进众业达等 16 个高科技含量项目;万吉工业区先行实施园区改造提升,提升智能输配电产业集聚规模;龙盛、龙新工业园区逐步形成以科技研发、创意设计为主的新型生产性服务功能区。

在市规划建设珠港新城、东海岸新城的基础上,积极谋划城市中轴线商务及文化创意城市带,新津河"一河两岸"生态轴线、内海湾至外海湾(东海岸段)滨海都市发展轴线;谋划新溪外砂特色小镇,推动新东区新型城镇化建设;规划建设粤东物流总部新城、龙东新兴产业园,通过产城联动,有效推动龙湖城区"东拓北优"。同时,在市规划建设火车客运站综合枢纽的基础上,谋划台商投资区、龙湖工业区(经济特区1.6平方公里)等园区"退二进三",向生产性服务业发展,实现龙湖"中心区提质"。

"一河两岸"

韩江是汕头的母亲河,韩江西溪自北向南流经潮汕地区,在汕头东郊大衙村的鳌头洲花开两朵,蜿蜒出一条婀娜多姿的分支——新津河。新津河逶迤向前,流淌过潮汕边界,穿越北回归线,在龙湖区南畔垅融入南海的澎湃波涛之中。

新津河是穿过汕头市中心城区的中央河道。汕头濒海临河,长期临水而居的生存历史,形成了汕头人对水的天然依赖,民生与城建,于江于海,须臾不可离。新津河水质优良,是汕头的一条重要内河,对城市发展的影响可以说牵一发而动全身。河道上段为南江,下段称大溪河,全长约15公里,宽度在150～300米之间。河流自北向南从龙湖区中东部穿流而过,将城区划分为东西两个区域,是城中居民主要的饮水之源,也是城市防洪排涝应急系统的重要组成。

航拍新津河两岸(图片由龙湖区委宣传部提供)

一直以来，内河运输是潮汕地区物资交流的重要渠道，新津河水运在汕头的交通史上充当了首屈一指的重要角色。随着现代化建设的纵深发展，新津河沿岸呈现出全新的交通气象，一座座钢筋混凝土大桥横波卧水，让一水之隔成为通途大道。2013 年开工建设的新津河大桥横跨新津河入海口，为梁拱结合组合桥，全长 937 米，在新津街道与新溪镇之间架起了一条往来要道，是滨海大道引人瞩目的一道风光。

新津河因其优良的河道条件，亦成为汕头市水上体育赛事的常规场地。自 2006 年以来，汕头连续十几年承办国际泳联 10 公里马拉松游泳世界杯系列赛，新津河是指定比赛水域。新津河也是汕头市体育局船艇训练基地。

新津河沿岸风光旖旎，草木成荫，连缀分布的自然资源构成龙湖区绿道系统中的天然底色，为优化城市景观与环境规划提供了便利条件，新津河"一河两岸"景观带的建设也因此成为龙湖区着力打造的生态工程。项目预计总投资约 27 亿元，总规划面积 870 公顷，上游为水源保护区，中下游为风景优美的都市岸线。景观带建设以"护水、观水、亲水、乐水"为总体思路，依据汕头城市发展脉络，由北到南、从古至今，初步规划先民之光、潮汕古韵、开埠传奇、特区风采四大河道公园区段。在岸线上分区段点缀若干

个主题鲜明的公园，构建"一心一廊四区段若干公园组团"空间格局，在公园群中，叠加美术馆、博物馆、休闲街区等公共配套设施，建设"海丝"景观长廊和汕头市中央公园，形成华南地区最大规模的公园集群。项目 2017 年动工，预计 2020 年基本完成。

先民之光区段

先民之光区段

发现城市之美

出　　　品	中共汕头市龙湖区委宣传部
顾　　　问	林定亮　　王小辉　　蔡　谦
主　　　编	王晓韩
封 面 书 法	吴著明
执 行 总 监	肖岳山　　许英生　　王　浩　　蔡垂政
监　　　制	龚志先　　卢卫卫　　刘冰云　　谢宏中
文 字 主 管	徐舜希
撰　　　稿	徐舜希　　唐兰燕　　许英生　　罗英达
摄　　　影	许英生　　徐舜希
运 营 主 管	齐玲玲
策 划 外 联	黄良根
新 媒 体 运 营	李　叶　　杨　鑫
设　　　计	深圳市点石文化传媒有限公司
编　　　著	深圳市点石文化传媒有限公司
地　　　址	深圳市福田区田面设计之都 1 栋 3D
电　　　话	0755-82701682
微　　　信	发现城市之美
二 维 码	

一扫解乡愁

《发现城市之美·龙湖》书中部分资料参考自：汕头龙湖区政府（网站），汕头市文化广电新闻出版局（网站），龙湖区文化馆（网站），汕头大学图书馆（网站），汕头广播电视台·橄榄网，汕头市政协网，汕头农林信息网，汕头文明网，潮汕特藏网，南方网，《汕头特区晚报》《汕头日报》《汕头都市报》《潮州日报》《深圳特区报》《南方日报》《龙湖文史》第一辑、第二辑、第三辑、第四辑，汕头大学出版社《梦筑龙湖》，龙湖区史志网《龙湖区志》《龙湖年鉴》，汕头史志网《汕头市志》，清嘉庆《澄海县志》，《汕头市龙湖区大记事——古代》（海天出版社 2008 年 3 月第一版），《汕头市龙湖区志 1979-2003》（花城出版社 2013 年 10 月第一版）

图书在版编目（CIP）数据

发现城市之美．龙湖 / 王晓韩主编．— 深圳：海
天出版社，2018.5

ISBN 978-7-5507-2390-0

Ⅰ．①发… Ⅱ．①王… Ⅲ．①区（城市）－概况－汕头

Ⅳ．① K92

中国版本图书馆 CIP 数据核字（2018）第 085033 号

发现城市之美·龙湖

FAXIAN CHENGSHI ZHI MEI LONGHU

出 版 人	聂雄前
责任编辑	刘翠文
责任技编	蔡梅琴

出版发行	海天出版社
地　　址	深圳市彩田南路海天综合大厦（518033）
网　　址	www.htph.com.cn
订购电话	0755-83460202（批发）0755-83460239（邮购）
印　　刷	深圳市金丽彩印刷有限公司
开　　本	787mm×1092mm　1/16
印　　张	14
字　　数	250 千字
版　　次	2018 年 5 月第 1 版
印　　次	2018 年 5 月第 1 次
定　　价	96.00 元